세무사가
알려주는

2021
부동산
셀프절세

세무사가
알려주는

2021
부동산
셀프절세

이재헌 지음

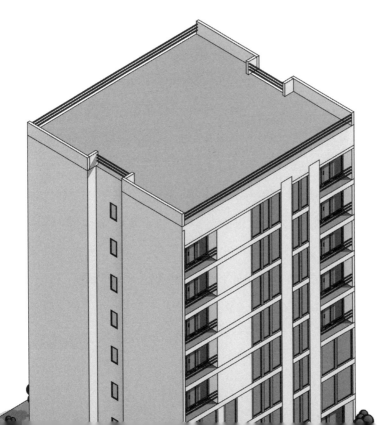

리즈앤북
ries & book

프롤로그

직업이 세무사(회계사)란 이유만으로 주위 사람으로부터 세금에 대한 수많은 질문을 받습니다.

"세금이 왜 이리 많이 나와요?"

"깜박하고 세금 신고를 안했는데, 어쩌죠?"

"절세하는 방법 좀 없나요?"

"이번에 집을 파는데, 세금이 얼마나 나올까요?"

직업도 직업이지만, 개인적인 성격상 나에게 도움을 요청하는 질문을 그냥 넘기지 못합니다. 돈이 안 된다는 것을 알면서도 이를 무시하지 못하지요. 남들은 상담만 해도 상담료를 받는다던데, 나는 10년을 훌쩍 넘게 회계법인에 있으면서도 제대로 된 상담료를 받아본 적이 한 번도 없습니다. 물론 상담이 실제 세금 신고까지 이어지면 소정의 수수료를 받기는 하지만, 그마저도 업계 최저입니다.

그럼 난 무엇 때문에 이런 무료봉사(?)를 하는 것일까요? 그들의 궁금증을 해소하고, 절세뿐만 아니라 향후 계획까지 제시해 주지만, 정작 나는 고맙다는 인사 외에는 거의 받는 것이 없습니다. 나름 긴 세월 동안 이런 패턴의 상담을 해오고 있는데, 나는 정말 얻는 것이 없는 것일까요?

그렇지는 않습니다. 그들의 궁금증을 해소하는 과정에서 나는 수많은 자료를 읽고, 상담하면서 다양한 사례를 경험하게 됩니다. 그리고 이러한 과정을 거치면서 세금에 대한 다채로운 아이디어를 제공받습니다. 고객이 무엇을 원하는지를 파악하고, 이를 검토하여 그들이 나아갈 방향을 세무 전문가 입장에서 자신 있게 제시할 수 있습니다.

전문가라는 이유만으로 지식이 저절로 쌓이는 것은 아닙니다. 내가 돈이 안 된다는 것을 알면서도 고객의 질문을 무시하지 않는 이유입니다.

수많은 상담을 하면서 느끼는 점은, 이제는 일반인들도 세금을 알아야 한다는 것입니다.

부동산 전산화로 인하여 개인이 집 한 채만 팔아도 양도소득세를 국세청이 누락 없이 체크하고 있습니다. 또한, 카드 매출의 증가와 전자세금계산서의 도입으로 자영업자는 더 이상 매출을 숨길 수 없게 되었으며, 이에 따라 세금이 대폭 증가하였습니다.

이전에는 세금 걱정을 하지 않았던 집 한 채 있는 일반 국민이나 소규모 자영업자들이 이제는 세금을 피할 수 없는 환경이 되었습니다.

게다가 세금은 미리미리 준비하여야 절세할 수 있는 여지가 생깁니다.

예를 들면, 주택을 언제 파느냐에 따라서 내야 할 세금이 천차만별일 수 있습니다. 주택을 팔기 전에 절세 계획을 세워서 미리미리 준비해야 합니다. 이미 주택을 팔고 나서 절세 방안을 나중에 물어보신들, 내가 그들을 위해 해줄 수 있는 부분이 거의 없습니다.

가끔 고객들의 세금 납부 내역을 살피다 보면, 합법적으로 피해 갈 수 있었던 세금을 납부한 경우가 종종 있어서 개인적으로 너무나 안타깝습니다.

그렇다고 세금에 대해 궁금한 점이 생길 때마다 수시로 아는 세무사(회계사)에게 전화해 물어볼 수도 없는 일입니다. 세무 전문가는 무료 자동응답기가 아닙니다. 설사 거래하는 담당 세무 대리인이 있더라도 너무나 기초적인 질문, 본인이 무엇을 궁금해 하는지조차 모르는 질문들은 상담해 주기가 난처합니다.

결국은 일반 개인들도 세금의 기초 정도는 알고 있어야, 세무 전문가와 더욱더 심도 있고 원활한 상담이 가능한 것입니다.

인간이 피할 수 없는 두 가지가 '죽음'과 '세금'이라고 합니다. 농담 같은 이 말이 요즘처럼 절실하게 와 닿는 시기도 없는 것 같습니다. 인간의 수명은 점점 늘어나 죽음은 천천히 다가오지만, 세금은 점점 우리 생활과 가까워지고 있습니다.

세금을 모르면 가난에서 벗어나기 훨씬 어려워지는 시대가 오고 있으며, 이러한 추세는 우리 자식 세대까지 계속 이어질 것입니다.

집을 팔아서 2억의 차익을 거두었으나, 세금을 1억이나 낸다면 집값 상승의 혜택을 제대로 누릴 수가 없습니다. 옆의 가게가 우리 가게보다 손님이 훨씬 많은 것 같은데, 나보다 세금을 더 적게 내는 경우가 부지기수입니다.

아쉽지만, 국민들이 과대 납부한 세금을 국가가 알아서 돌려주는 경우는 거의 없습니다. 공정·공평 과세라고 하지만, 실제로는 전혀 공정·공평하지 않습니다. 국민들이 과소 납부한 세금은 가산세까지 더하여 악착같이 받아내지만, 과대 납부한 세금은 본인이 모른다면 아무도 챙겨주지 않습니다.

결국 세금을 모른다면 나만 손해를 보는 세상이 도래한 것입니다.

세(稅)테크가 필수인 시대이며, 그 파급력은 우리 세대뿐만 아니라 내 자식 세대까지 영향을 미칠 것입니다.

다만, 실제로 세금이 우리 생활과 가까워짐을 느끼고, 세금에 대하여 알고 싶어 하는 분들은 계속 증가하고 있지만, 도대체 어디서부터 어떻게 시작해야 할지 모르는 분들이 많습니다.

두꺼운 세법개론부터 공부할 수도 없고, 나한테 필요한 세금 지식이 어디까지이고, 어디서부터 세무 전문가의 도움을 받아야 하는지 알 수가 없습니다. 이런 분들을 위하여 이 책의 집필을 결심하게 되었습니다.

이 책은 다음과 같은 특징으로 다른 도서와 확연한 차이를 두고자 했습니다.

1. 일반인 대상

나에게 주로 상담을 하는 고객층은, 흔히 말하는 '일반인'들입니다. 여기서 말하는 일반인들이란, 회계나 세무와 전혀 관련이 없는 사람들입니다. 집을 한 채 또는 두 채 소유하고 있는 사람, 아들에게 조그마한 빌라를 주고 싶어 하는 가정주부, 영세 식당을 운영하는 사장님, 1인 자영업자들, 주택 월세를 한 달에 30만원 받는 사람 등 우리가 매일 보는 사람들입니다.

이 책은 온전히 부동산세금을 전혀 모르는 일반인을 대상으로 집필하였습니다. 본업은 회계·세무와 전혀 관련은 없으나, 현재 또는 가까운 미래에 결코 세금에서는 자유로울 수 없는 사람들 말입니다.

이 책은 모든 국민들이 알면 인생에 도움이 되는, 마치 상식과도 같은 내용으로 구성하였습니다.

본업을 하면서 부동산세금 공부를 따로 하는 것이 사실상 쉽지는 않습니다. 집 한 채 팔기 위해서 두꺼운 양도소득세 책자를 모두 읽어볼 수는 없는 일이니까요.

일반인들이 부동산 투자를 하는 데 있어서 반드시 알고 있어야 하는 내용을 체계적으로 정리하였으며, 상식처럼 쉽게 느껴지도록 최대한 노력하였습니다. 설령 앞으로 부동산세금이 추가로 개정되더라도, 이 책의 내용은 개정사항을 받아들이는 데 기초 토양분이 될 것이라고 확신합니다.

반면에, 일반인들과 관계없는 부동산세금, 너무나 복잡한 내용은 과감히 생략하거나 세무 전문가를 찾아가라고 집필하였습니다.

2. 쉬운 내용

부동산세금을 전혀 모르는 사람 대상으로 썼기 때문에 내용이 쉽습니다. 아무리 어렵고 복잡한 내용이라도 대한민국 성인이라면 누구나 이해할 수 있도록 최대한 쉽게 쓰려고 노력하였습니다. 마치 동네에서 아는 언니, 오빠가 설명해 주는 것처럼 읽으면서 바로 이해할 수 있는 수준으로 풀어서 설명하였습니다.

3. 요점 정리

각 챕터 마지막에 '오늘의 세금 상식'이란 코너를 마련하여, 평소에도 꼭 알아야 하는 내용은 별도로 정리하였습니다.

즉, 부동산 투자를 함에 있어서 반드시 알고 있어야 하는 사항을 '오늘의 세금 상식'으로 정리하였으며, '오늘의 세금 상식' 정도만 알고 있어도 절세에 큰 도움을 받을 수 있을 것입니다.

4. 최신 개정 반영

최근 부동산세금의 잦은 개정으로 인하여 최대한 최신 개정 내용까지 담으려고 노력하였습니다.[1]

---

1) 2021년 발행되는 3쇄분부터 초판 발행 이후 추가로 발표되는 부동산 주요 정책을 간략하게 주석으로 별도 표시하였습니다.
　　① 공시가격 6억 이하의 1세대 1주택 재산세율 한시적 인하(p30)
　　② 1세대 1주택 부부공동명의 종합부동산세 선택 적용 허용(p112)
　　③ 1세대 1주택 비과세, 다주택자 조정대상지역 내 주택에 대한 중과세율 적용 시 분양권을 주택 수에 포함, 1주택으로 간주되는 일시적 1주택 1분양권의 구체적 요건(p170)
　　④ 2021.1.1일 현재 1주택자의 비과세를 위한 보유기간은 취득일부터 기산함(p204)

2020.7.10 대책은 물론 2020년 9월에 국세청에서 발행한 '100문 100답 주택세금' 발표 자료까지 모두 반영하였으며, 2021년 이후 개정이 예정되어 있는 사항까지 최대한 반영하여 집필하였습니다.

이번 7.10 대책으로 '부동산 법인'을 이용한 부동산 투자가 사실상 종말을 맞이하였으며, 이에 따라 '부동산 법인' 관련 내용은 과감히 생략하였습니다. 또한, '아파트 주택임대사업자 폐지'로 인하여 주택임대사업자에 관한 내용은 간략하게 서술하였습니다.

반면에 대폭적으로 개정되는 취득세와 기타 개정 사항은 지면을 할애하여 성의 있게 집필하였습니다.

우리나라 국민이라면 반드시 알고 있어야 하는 세금상식과 알면 돈이 되지만 모르면 나만 손해인 세금 지식들을 쉽게 설명하여 알리는 것. 이것이 내가 이 책을 쓰고자 한 이유입니다.

진심으로 이 책으로 인하여 일반인들이 절세의 기쁨을 느끼고, 세금에 대하여 조금이라도 자신 있게 대응했으면 합니다.

이재헌 회계사

---

⑤ 2주택 이상을 보유한 1세대가 다른 주택을 양도하고 조정지역에 있는 주택만 남은 경우, 그 최종주택의 1세대 1주택 비과세 특례를 적용받기 위하여 거주기간도 최종 1주택을 보유하게 된 날부터 새로 기산함(p208)

차례

제4장 부동산 세금, 추가로 절세하는 방법

제5장 최고의 절세상품, 1세대 1주택 비과세

제6장 2주택까지 비과세 받는 방법

제1장

부동산과 세금

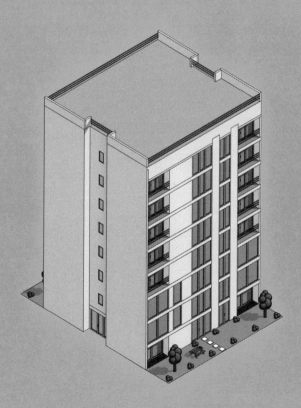

01 부동산과 세금

부동산은 취득에서 처분까지 모든 단계에서 세금이 부과됩니다.

부동산을 취득하면서 '취득세'를 납부하고, 보유만 하고 있어도 보유세인 '재산세'와 '종합부동산세'가 부과됩니다. 만약 부동산으로부터 임대수입이 발생하면 '종합소득세'를 납부해야 하고, 부동산을 처분하면 '양도소득세'를 납부하면서 이별해야 합니다.

부동산 구분	관련세금
취득 시	취득세
보유 시	재산세, 종합부동산세
운용 시	(임대소득)종합소득세
처분 시	양도소득세

이제 각 단계마다 부과되는 부동산과 관련된 세금을 개괄적으로 살펴보겠습니다.

02
높아진 취득세, 모르면 손해

부동산을 취득하려면 취득세를 납부하여야 합니다. 취득세를 납부하지 않으면 등기소에서 등기 신청을 받아주지 않기 때문에 소유권 이전을 할 수 없습니다. 취득세는 2020.08.11 이전 취득세와 2020.08.12 이후 취득세로 나누어집니다.

1. 취득세(2020.08.11 이전)

① 부동산을 취득한 날부터 60일 이내에 취득세를 신고·납부하여야 합니다. 취득세에는 농어촌특별세와 지방교육세가 부가적으로 붙습니다.

② 다음의 표가 일반적인 취득세율입니다. 다 알 필요는 없으며, '주택'과 '주택 외' 취득세율 정도만 기억하면 됩니다.

부동산 취득세의 합계세율				
구분	취득세	농어촌 특별세	지방 교육세	합계 세율
주택 외 매매(토지, 건물 등) ※기본 세율	4%	0.2%	0.4%	4.6%

⮕ 주택 외

주택	6억원 이하	85㎡ 이하	1%	비과세	0.1%	1.1%
		85㎡ 초과	1%	0.2%	0.1%	1.3%
	6억원 초과 9억원 이하	85㎡ 이하	1~3%	비과세	0.2%	1.2~3.2%
		85㎡ 초과	1~3%	0.2%	0.2%	1.4~3.4%
	9억원 초과	85㎡ 이하	3%	비과세	0.3%	3.3%
		85㎡ 초과	3%	0.2%	0.3%	3.5%

⮕ 주택

원시취득, 상속(농지 외)		2.8%	0.2%	0.16%	3.16%
증여		3.5%	0.2%	0.3%	4%
농지	매매 · 신규	3%	0.2%	0.2%	3.4%
	매매 · 2년 이상 자경	1.5%	비과세	0.1%	1.6%
	상속	2.3%	0.2%	0.06%	2.56%

'주택 외 취득세율'은 4%이며, 농어촌특별세와 교육세를 합치면 4.6%입니다.
'주택 외'란 상가, 오피스텔, 토지(농지 제외)를 말합니다.

'주택'의 취득세율은 '주택 외'보다 더 낮습니다. 6억 이하 주택에는 1%, 9억 초과 주택은 3%가 부과되며, 중간 단계인 6억 ~ 9억의 주택은 1 ~ 3% 가 부과됩니다. 주택의 취득가액이 6억 ~ 9억일 경우, 다음의 그림처럼 주택 가격에 비례하여 1 ~ 3%가 적용됩니다. 즉, 중간인 7.5억인 경우 2%가 적용됩니다. 또한 국민주택 규모(85㎡) 이하의 주택은 농어촌특별세가 없습니다.

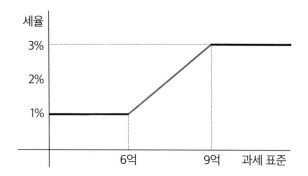

[문제] 김절세 씨가 국민주택 규모를 초과하는 5억의 아파트를 매입하였을 경우, 납부하여야 할 취득세 등은 총 얼마일까요?

☞ 취득세 1%, 농어촌특별세 0.2%, 지방교육세 0.1%를 합하여 총 1.3%이 므로 납부하여야 할 취득세는 총 650만원입니다.

항목	금액	비고
취득세	5,000,000	5억 × 1%
농어촌특별세	1,000,000	5억 × 0.2%
지방교육세	500,000	5억 × 0.1%
취득세 등 합계	6,500,000	

2. 취득세(2020.08.12 이후)[1]

2020.07.10 대책으로 주택에 대한 취득세율이 완전히 바뀌었습니다.

	현 행			개 정 안		
① 다주택자·법인 취득세율 강화	개인	1주택	주택 가액에 따라 1~3%	개인	1주택	주택 가액에 따라 1~3%
						조정* / 非조정
		2주택			2주택	8% / 1~3%
		3주택			3주택	12% / 8%
		4주택 이상	4%		4주택 이상	12% / 12%
	법 인		주택 가액에 따라 1~3%		법 인	12%

※ 단, 일시적 2주택은 1주택 세율 적용(1~3%)
* 조정 : 조정대상지역 非조정 : 그 外 지역

	현 행	개 정 안
② 증여 취득 세율 강화	3.5%	조정대상지역 내 3억원 이상 : 12% 그 외 : 3.5%

※ 단, 1세대 1주택자가 소유주택을 배우자·직계존비속에게 증여한 경우 3.5% 적용

① 위의 표를 보면 1주택자 또는 비조정지역 2주택을 신규 취득하는 경우에는 종전과 변동이 없습니다. 또한 일시적 2주택인 경우에도 1주택 취득세율(개정 전 취득세율)이 적용됩니다. 여기서 일시적 2주택이란, 신규 주택 구입일로부터 3년 이내(종전 주택과 신규 주택이 모두 조정지역인 경우 1년 이내 처분, 거주 요건은 없음)에 종전 주택을 처분하는 경우를 말합니다.

② 조정지역 2주택 이상 또는 비조정지역 3주택 이상을 취득하는 경우에는 무려 취득세율이 8 ~ 12%입니다. 지방소득세까지 합치면 실제 세율은 더 증가합니다. 또한, 증여로 취득하는 주택에 대하여도 조정지역 내 3억

---

1) 아래의 자료는 '다주택자·법인 취득세 중과 운영요령(행정안전부 부동산세제과, 2020.08)', '부동산 대책 관련 지방세법 시행령 개정안 입법예고(행정안전부, 2020.07.31)' 자료를 참고하여 작성하였습니다.

이상일 경우에는 취득세율이 12%입니다.

③ 주택 취득 순서에 따라 취득세율이 달라질 수도 있습니다. 조정지역 1 주택 소유자가 비조정지역 1주택을 추가로 취득할 경우에는 1~3%가 적용되지만, 비조정지역 1주택 소유자가 조정지역 1주택을 추가로 취득하는 경우에는 8%가 적용됩니다.

---

① 1주택 소유자가 조정지역 주택 신규 취득 시 ☞ 8% 적용
② 1주택 소유자가 비조정대상지역 주택 신규 취득 시 ☞ 1~3% 적용(종전 세율 적용)
③ 2주택 소유자가 비조정대상지역 주택 신규 취득 시 ☞ 8% 적용

---

④ 정말 놀랄만한 취득세율입니다. 예를 들어 조정지역 내 10억의 주택을 신규 취득(3번째 주택)할 경우, 취득세만 1억이 훨씬 넘습니다. 개정 전보다 무려 10배 이상 증가하는 경우도 있습니다. 아마 위의 취득세를 내고 2주택 이상을 취득하는 분들은 많지 않을 것이라고 사료됩니다.

3. 위의 다주택자 취득세 중과세율을 적용하는 경우, 주택 수(數)를 계산할 때 그 범위가 어디까지일까요? 일반적인 단독주택, 아파트, 다가구주택은 당연히 주택이지만, 이번 법 개정으로 분양권, 입주권, 오피스텔도 주택 수에 포함되었습니다.

(1) 분양권과 입주권의 주택 수 포함 여부는 구입 시점에 따라 달라집니다. 2020.08.12 이후 취득 시 소유 주택 수에 포함됩니다.

15. 분양권 및 입주권도 취득세가 중과되는지?

○ 분양권 및 입주권 자체가 취득세 과세대상은 아니며, 추후 분양권
   및 입주권을 통해 실제 주택을 취득하는 시점에 해당 주택에 대한
   취득세가 부과됨

   * 다만, 승계조합원의 경우 입주권 취득 시 해당 토지 지분에 대한 취득세 부과 中

○ 다만, 주택이 준공되기 전이라도 분양권 및 입주권은 주택을
   취득하는 것이 예정되어 있으므로 <u>소유 주택 수에는 포함됨</u>

   <u>※ 법 시행 이후 신규 취득분부터 적용</u>

⑵ 주거용 오피스텔의 주택 수 포함 여부도 구입 시점에 따라 다르다

분양권과 마찬가지로 2020.8.12 이후 취득하는 주거용 오피스텔은 취득
세 중과 판단 시 주택 수에 포함되고, 8.11 이전부터 보유하고 있는 주거용
오피스텔은 주택 수에 포함되지 않습니다. 참고로, 업무용 오피스텔은 상가
로 보기 때문에 당연히 주택 수에 포함되지 않습니다.

16. 오피스텔도 주택 수에 포함되는지?

○ 재산세 과세대장에 주택으로 기재되어 주택분 재산세가 과세되고
   있는 <u>주거용 오피스텔의 경우 주택 수에 포함됨</u>

   <u>※ 법 시행 이후 신규 취득분부터 적용.</u> 다만, 법 시행일 전에 매매(분양)계약을
   체결한 경우도 주택수에서 제외

(3) 오피스텔 분양권은 주택 수에 포함되지 않는다

18. 오피스텔 분양권도 주택 수에 포함되는지?

○ 오피스텔 취득 후 실제 사용하기 전까지는 해당 오피스텔이 주거
용인지 상업용인지 확정되지 않으므로 <u>오피스텔 분양권은 주택
수에 포함되지 않음</u>

(4) 주거용 오피스텔은 기존 취득세 4%가 적용된다

2. 주거용 오피스텔을 취득하는 경우에도 취득세가 중과되는지?

○ 오피스텔 취득 시점에는 해당 오피스텔이 주거용인지 상업용인지
확정되지 않으므로 건축물 대장상 용도대로 건축물 취득세율
(4%)이 적용됨

(5) 주거용 오피스텔 취득 자체가 취득세 중과 대상은 아니지만(취득세
4% 적용), 주거용 오피스텔을 시행일 이후(20.08.12) 취득하게 되면 주택 수에
포함됩니다. 따라서 향후 아파트 등을 구입할 때 다주택자가 되어 취득세가
중과되는 것입니다.

취득세 중과 발표 이후 오피스텔 시장이 갑자기 얼어붙은 이유는, 오피
스텔 취득 자체의 문제가 아니라, 오피스텔 취득 후 향후 아파트 취득 시 취
득세 중과가 적용되기 때문입니다.

(6) 입주권, 분양권, 주거용 오피스텔 취득세 중과 시 주택 수 포함 여부
를 정리하면 다음과 같습니다.

구분	시행일 이전	시행일 이후 취득
주택	포함	포함
상속주택, 등록임대주택, 감면주택	포함	포함
입주권, 분양권 주거용 오피스텔	미포함	포함

(7) 참고로, 주택 수에 포함되지 않는 주택입니다.

별첨	주택 수 합산 및 중과 제외 주택

연번	구 분	제외 이유
1	가정어린이집	육아시설 공급 장려
2	노인복지주택	복지시설 운영에 필요
3	재개발사업 부지확보를 위해 멸실목적으로 취득하는 주택	주택 공급사업에 필요
4	주택시공자가 공사대금으로 받은 미분양주택	주택 공급사업 과정에서 발생
5	저당권 실행으로 취득한 주택	정상적 금융업 활동으로 취득
6	국가등록문화재 주택	개발이 제한되어 투기대상으로 보기 어려움
7	농어촌 주택	투기대상으로 보기 어려움
8	공시가격 1억원 이하 주택 (재개발 구역 등 제외)	투기대상으로 보기 어려움, 주택시장 침체지역 등 배려 필요
9	공공주택사업재(지방공사, LH 등)의 공공임대주택	공공임대주택 공급 지원
10	주택도시기금 리츠가 환매 조건부로 취득하는 주택 (Sale & Lease Back)	정상적 금융업 활동으로 취득
11	사원용 주택	기업활동에 필요
12	주택건설사업자가 신축한 미분양된 주택	주택 공급사업 과정에서 발생 ※ 신축은 2.8% 적용(중과대상 아님)
13	상속주택(상속개시일로부터 5년 이내)2)	투기목적과 무관하게 보유 ※ 상속은 2.8% 적용(중과대상 아님)

---

2) 상속 개시일로부터 5년까지는 주택 수에서 제외, 5년 이후인 경우 주택 수에 포함

이렇게 취득세 개정 사항을 정리(?)하고 보니, 양도소득세 중과세율보다 더 복잡한 것 같습니다. 사실 7.10 대책 이전의 부동산 취득세는 크게 고려할 사항이 아니었습니다. 그러나 이제는 부동산 투자를 하시는 분들은 양도소득세뿐만 아니라 취득세까지 공부해야 합니다. 투자자의 길은 멀고도 험합니다.

▶▶ **오늘의 세금 상식** ◀◀

1. 2020.7.10 대책으로 취득세의 패러다임이 완전히 바뀌었습니다. 이제는 2주택 이상 취득할 때 취득세 중과세 적용 여부를 항상 검토해야 합니다. 조정지역 2주택 또는 비조정지역 3주택 이상 신규 주택을 취득하는 경우에는 취득세가 8 ~ 12%로 중과세율이 적용되기 때문입니다.

2. 1주택자에 대한 취득세율은 알아두는 것이 좋습니다. 6억 이하 1%, 9억 초과 3%, 6~9억은 1~3%입니다(농어촌특별세와 지방교육세는 별도입니다).

3. 주택을 증여하는 경우에도 취득세가 12% 적용됩니다. 이제는 자녀에게 주택을 증여하는 것도 쉽지 않게 되었습니다.

4. 향후 신규 취득하는 입주권, 분양권, 주거용 오피스텔은 취득세 중과 기준 주택 수에 포함되니 주의해야 합니다.

03
'생애 최초 주택 구입'에 대한
취득세 감면받으세요

　정부는 2020년 7.10 발표를 통해, 다주택자의 경우 기존 1~4%인 주택 취득세율을 최대 8~12%까지 대폭적으로 강화시켰습니다. 반면에 생애 최초 주택 구입자를 대상으로는 '취득세 감면' 요건을 완화하였습니다. 완화된 '생애 최초 주택 구입'에 대한 취득세 감면 요건을 자세히 알아보겠습니다.

　1. 감면 대상

　'무주택 1가구'를 대상으로 합니다. 여기서 '무주택 1가구'란 본인 포함 주민등록 등본 내 등재된 모든 세대원이 주택을 취득한 사실이 없어야 합니다. 즉, 연령이나 혼인 유무와 상관없이 가족 모두(1세대)가 주택을 취득한 사실이 없어야 합니다.

　2. 소득 제한

　세대 합산 근로소득 총급여액과 근로소득을 제외한 종합소득금액을 합한 금액이 연 7천만원 이하일 경우에만 가능합니다. 세대 합산이므로 외벌이 가정보다는 맞벌이 가정이 많이 불리합니다. 소득 발생 기간은 주택 취득일이 속하는 연도의 직전 연도 소득을 기준으로 합니다.

3. 주택의 범위

단독주택과 공동주택(아파트, 다세대주택, 연립주택)이 해당됩니다. 오피스텔은 해당되지 않으며, 기존에 있었던 면적 제한은 삭제되었습니다.

4. 생애 최초 취득세 감면 비율

지역과 거래가액에 따라 차등 적용합니다. 1억5천 이하 주택 구입 시 100% 면제, 1억5천 ~ 3억(수도권 4억) 이하일 경우에는 50% 감면이 가능합니다.

수도권에 1억5천 이하의 주택은 없다고 보셔도 될 듯합니다. 비록 100%의 감면은 받지 못하지만, 경기도 권에는 4억 이하의 아파트가 상당수 있으며, 이를 잘 활용하면 취득세 50%는 절감할 수 있습니다.

[질문] 국민주택 규모 이하의 4억 상당 수도권 아파트를 생애 최초로 취득한 경우, 취득세 절감액은 얼마나 될까요?

☞ 취득세 1%, 농어촌특별세 비과세와 지방교육세 0.1%를 합하여 총 1.1%를 납부해야 합니다. 즉 440만원을 취득세로 납부해야 하지만, 50% 감면받아 220만원만 납부하면 됩니다.

5. 적용 시기 및 기한

2020년 7월 10일 이후에 취득하는 주택부터 적용되며, 2021년 12월 31

일까지 한시적으로 운영되고 있습니다. 한시적이라고는 하나, 통상적으로 일몰시한이 되면 기한을 연장하는 경우가 많습니다.

6. 생애 최초 주택 구입에 대한 취득세 감면 신청 시 의무 사항

다음의 경우, 감면받은 취득세를 추징당할 수 있습니다.
① 주택을 취득한 날부터 3개월 이내에 상시 거주를 시작하지 않는 경우
② 주택을 취득한 날부터 3개월 이내에 1가구 1주택이 되지 않은 경우
③ 실거주 3년 미만인 상태에서 해당 주택을 매각, 증여하거나 다른 용도(임대 포함)로 사용하는 경우

즉, 감면받은 주택은 반드시 3년 이상 무조건 실거주를 하여야 하며, 매긱이나 임대를 할 수 없습니다. 감면받는 금액에 비하여 의무 사항이 만만치 않습니다.

04
부동산 갖고만 있어도 세금이 부과됩니다
— 재산세와 종합부동산세

부동산은 보유만 하고 있어도 보유세가 부과됩니다. 대표적인 보유세가 '재산세'와 '종합부동산세'입니다.

1. 재산세

① 재산세는 매년 6월 1일 현재 주택, 건축물, 토지, 선박 및 항공기를 사실상 소유하고 있는 자에게 부여하는 세금입니다.

② 재산세 납부 시기

구분	재산세 납기일
주택	1/2씩 나눠서 2회로 납부함 1회차: 7월 31일 2회차: 9월 30일
토지	9월 30일
이외 건축물, 항공기, 선박	7월 31일

보통 '아파트'의 경우에는 '주택'에 해당되어 1년분 재산세를 7월과 9월 2회에 나누어서 납부하게 됩니다. 토지의 경우에는 9월에 1번, 1년분 재산세를 납부하여야 합니다.

③ 재산세 납부 금액

재산세 세율은 아래의 표와 같습니다. 토지나 선박, 항공기 세율은 편의
상 생략합니다.

과세 대상	과세 표준	세율[3]
주택	6천만원 이하	0.1%
	1억5천만원 이하	6만원+6천만원 초과금액의 0.15%
	3억원 이하	19만 5천원+1.5억원 초과금액의 0.25%
	3억원 초과	57만원+3억원 초과금액의 0.4%
건축물	골프장, 고급오락장	4%
	주거지역 및 지정지역 내 공장용 건축물	0.5%
	기타 건축물	0.25%

위의 재산세 세율은 외울 필요가 전혀 없으며, 이런 게 있다는 정도만 알
면 됩니다. 그저 주택이 주택 외의 다른 부동산보다 재산세가 훨씬 적다는
사실만 기억하면 됩니다. 주택은 필수 재화로 인식되어, 다른 부동산에 비
하여 여러 부분에서 세제 혜택을 받고 있습니다. 대표적인 것이 1세대 1주
택 비과세이며, 취득세나 재산세 등이 다른 부동산에 비하여 세금 부담이
훨씬 적습니다.

---

3) 「부동산 공시가격 현실화 계획」 및 「재산세 부담 완화 방안」 발표(국토교통부, 행정안전부
2020.11.03.)에 따르면 2021년부터 향후 3년간 1세대 1주택자가 보유한 공시가격 6억원 이하의
주택의 경우, 구간별 세율을 0.05%p 인하하였습니다.

2. 종합부동산세

① 부동산을 보유하고 있는 경우에는 1차적으로 지방세인 재산세를 납부하고, 인별로 전국 합산한 가액이 일정 기준 금액(6억, 1세대 1주택일 경우에는 9억)을 초과하는 경우에는 국세인 종합부동산세를 추가로 납부하여야 합니다.

② 매년 6월 1일 현재 소유 부동산을 기준으로 종합부동산세 과세 대상 여부를 판정하여 12월 1일 ~ 12월 15일까지 부과·징수하여야 합니다. 과세 대상은 인별 기준으로 주택은 기준시가 6억(1세대 1주택 9억), 종합 합산 토지는 5억입니다.

③ 종합부동산세의 부과 기준은 다음의 표와 같습니다.[4]

2021년부터 3주택 이상이거나 조정대상지역 2주택 이상인 분들의 종합부동산세가 대폭 증가(거의 2배)되니 주의해야 합니다.

④ 종합부동산세의 경우, 60세 이상인 경우 고령자 공제가 적용됩니다. 2021년부터 고령자 공제비율이 10% 추가로 적용됩니다. 또한 5년 이상 보

과세표준	2주택 이하			3주택이상, 조정대상지역 2주택		
	현 행	개 정		현 행	개 정	
		개인	법인		개인	법인
3억원 이하	0.5%	0.6		0.6%	1.2	
3~6억원	0.7%	0.8		0.9%	1.6	
6~12억원	1.0%	1.2	3%	1.3%	2.2	6%
12~50억원	1.4%	1.6		1.8%	3.6	
50~94억원	2.0%	2.2		2.5%	5.0	
94억원 초과	2.7%	3.0		3.2%	6.0	

---

[4] 부동산 3법 등 주요 개정 내용과 100問100答으로 풀어보는 주택세금(국세청, 2020.09) 참조

유한 경우, 장기 보유 공제가 적용되어 세금을 완화시켜주는 장치가 있습니다.[5]

고령자 공제			장기보유 공제(현행 유지)		공제 한도
연 령	공제율		보유기간	공제율	
	현 행	개 정			
60~65세	10%	20%	5~10년	20%	
65~70세	20%	30%	10~15년	40%	70% → 80%
70세 이상	30%	40%	15년 이상	50%	

▶▶ 오늘의 세금 상식 ◀◀

1. 재산세와 종합부동산세의 과세 기준일은 매년 6월 1일입니다.

2. 아파트는 1년에 2번(7월, 9월) 재산세가 부과됩니다. 미납 시 가산세가 있으므로 고지서가 오지 않더라도 반드시 납부해야 합니다.

3. 종합부동산세는 1주택일 경우 기준시가 9억, 2주택 이상일 경우 6억 이상 자에게 부과됩니다.

---

5) 부동산 3법 등 주요 개정 내용과 100問100쫌으로 풀어보는 주택세금(국세청, 2020.09) 참조

05
6월 1일을 기억하세요
― 부동산 매수 시 보유세 피하는 법

1. 재산세는 매년 6월 1일 기준 부동산 소유자에게 부과

부동산을 매매하는 경우, 잔금 청산을 언제 하는냐에 따라 1년분 재산세 납세자가 결정됩니다. 6월 1일 현재 부동산 보유자가 1년분 재산세를 '전부' 부담하여야 합니다.

예를 들면, 5월 31일에 매도한 사람은 1년분 재산세를 내지 않습니다. 반면에 6월 2일에 매도한 사람은 1년분 재산세를 모두 납부하여야 합니다. 즉, 5월 31일에 매도하였다고 하여, 매도자에게 1년분 재산세의 5개월분 (5/12)이 부과되는 것이 아닙니다.

2. 종합부동산세의 과세 기준일도 6월 1일

종합부동산세는 재산세에 비하여 금액이 크며, 잔금 청산일을 언제로 하느냐에 따라서 종합부동산세 대상이 되기도 제외되기도 하기 때문에 **부동산이 많은 분은 부동산 거래 시 잔금 청산일을 제대로 따져보아야 합니다.** 즉, 종합부동산세는 재산세보다도 과세 기준일이 훨씬 중요합니다.

3. 부동산 거래를 위해 꼭 기억해야 할 날, 6월 1일

만약 내가 매도자라면? 5월 31일 이전에 매도해야죠. 반면, 내가 매수자라면? 6월 2일 이후에 매수하여야 그 해의 재산세 등을 납부하지 않습니다.

그렇다면 6월 1일에 잔금을 청산한 경우, 누가 재산세를 납부하여야 할까요? 이 경우에는 6월 1일 종가(자정) 기준으로 소유자인 매수자가 재산세를 전액 부담하여야 합니다.

▶▶ 오늘의 세금 상식 ◀◀

1. 6월 1일 소유자가 1년분의 재산세를 모두 납부하므로 잔금 청산일을 조정하는 방법 등으로 재산세 부담을 완화하기 바랍니다.

2. 특히 종합부동산세는 재산세보다 과세 기준일이 더욱 중요합니다.

06
직접 세금을 계산하여야 합니다
─ 종합소득세와 양도소득세

1. 종합소득세

부동산의 임대 등으로 '운용 수입'이 발생하였을 경우에는 '종합소득세'
를 납부하여야 합니다. 해당 임대수입은 소득세법상 부동산 임대소득이나
주택 임대소득으로 분류되며, 다음 연도 5월 31일까지 종합소득세를 신고·
납부하여야 합니다.

사실 취득세의 경우, 취득세를 납부하지 않으면 등기가 되지 않기 때문
에 은행이나 구청 등에서 납부할 취득세액을 알 수가 있으며, 재산세나 종
합부동산세는 정부가 부과하기 때문에 고지되는 대로 납부만 하면 됩니다
(단, 올바르게 부과되었는지 한 번 정도 검토해 볼 필요는 있습니다).

반면에 '종합소득세'나 '양도소득세'의 경우에는 직접 납부할 세액을 계
산하여 신고하여야 하기 때문에 세무 대리인의 도움을 받거나 본인이 직접
납부할 세금을 계산해야 합니다.

그만큼 공부할 사항이 많은 부분입니다. '주택 임대수입'에 관하여는 뒷
부분(제7장 주택임대사업자와 주택임대소득)에서 별도로 정리하였습니다.

2. 양도소득세

부동산을 처분할 때 양도차익이 발생하는 경우 '양도소득세'를 신고·납부하여야 합니다. 부동산 세금 중에서 가장 복잡하며, 그만큼 절세할 여지가 많은 세금입니다. 1세대 1주택 비과세 규정도 양도소득세의 일부입니다.

이 책의 대부분은 양도소득세에 대하여 서술하였으니 천천히 읽어보면 됩니다.

> ▶▶ **오늘의 세금 상식** ◀◀
>
> 1. '재산세'와 '종합부동산세'는 정부가 부과하는 방식으로 고지 받은 대로 납부하면 됩니다. 반면에 (임대소득에 대한) '종합소득세'와 '양도소득세'는 납세자가 세액을 직접 계산하여 별도로 신고·납부까지 해야 하는 세금입니다.

제2장

알고 시작하면 쉬운
부동산 세금

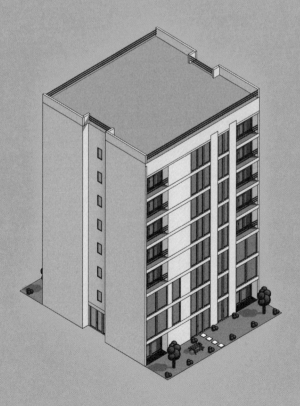

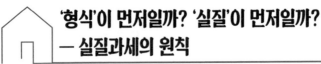

01
'형식'이 먼저일까? '실질'이 먼저일까?
― 실질과세의 원칙

세법을 적용하는 기준에는 여러 원칙이 있지만, 그중 가장 중요한 원칙 중 하나가 '실질과세의 원칙'입니다. 특히, 부동산 세금에 관련해서는 아주 중요한 원칙입니다.

1. 실질과세의 원칙

실질과세의 원칙이란 '형식'에 상관없이 '실질'에 따라 세법을 해석하고 적용하여야 한다는 원칙입니다. 얼핏 보면 어려운 말 같지만, 그냥 실질에 따라 과세한다는 단순한 의미입니다.

예를 들면, 오피스텔은 주택일까요, 아닐까요?

이것은 오피스텔이 실질적으로 어떻게 사용되었는가에 따라 달라집니다. 만약 주거용으로 월세를 놓고 있다면 주택이 되고, 사업자에게 사무실로 월세를 주었으면 사무실이 되는 겁니다. 해당 오피스텔이 건축물대장 등 공적 장부에 '사무실'로 표시되어 있어도, 세법상으로는 실제로 주택으로 사용하고 있으면 '주택'이 되는 겁니다.

즉, 오피스텔의 세무상 주택 여부 판단 기준은 '형식'(건축물대장 등 공적 장부)이 아닌 '실질'(실제 사용 용도)이 되는 것입니다. 오피스텔 소유주는 실제 사용 용도에 따라 1가구 2주택이 될 수도 있고, 1주택자가 될 수도 있습니다.

2. 부동산 관련 세금 공부를 할 경우에는 '실질과세의 원칙'을 항상 염두에 두어야 합니다. 특히, 양도소득세에서 '실질'의 개념이 적용되는 경우는 수도 없이 많습니다.

몇 가지만 예를 들면, (아래의 내용은 뒷부분에 다시 서술되는 내용으로 여기서 완벽히 이해 못해도 됩니다)

① 1세대 여부 판단 시, 주민등록 내용과 상관없이 실질적으로 생계를 같이하는 경우 1세대로 봅니다. 즉, 주민등록 형식은 중요하지 않습니다. 설사 주민등록에 동일 주소로 되어 있다고 해도, 실질적으로 생계를 같이하지 않으면 별도 세대가 됩니다.

② 거주기간도 '실질'에 따라 판단합니다. 거주 확인이 가능한 객관적인 증빙 등(전기, 전화요금 내역서, 교통카드 사용내역서 등)으로 해당 주소에 실제로 거주하였다는 것을 증명하면, 주민등록지('형식')가 다른 곳이라고 해도 실제 거주한 주소지에서 거주기간을 인정받을 수 있습니다.

③ 다가구주택의 1층 상가를 주택으로 무단 변경하여 주택층수가 기존 3개에서 4개가 된 경우에는, 다세대주택으로 간주하여 다주택자 중과 대상이 됩니다. 건축물대장이나 등기부등본('형식')에 '다가구주택'으로 기재되어 있어도 상관없습니다. 실질이 다세대주택이면 다세대주택으로 세무상 과세가 되는 것입니다.

위에서 예시한 사례 이외에도 실질과세의 원칙이 적용되는 사례는 굉장히 많습니다.

앞으로 이 책을 읽으면서 '실질'이라는 단어를 굉장히 많이 접할 수 있습니다. '실질'이라는 단어가 들어가면 '형식'보다는 '실질'이 우선하는 '실질과세의 원칙'이 적용된다고 보면 됩니다.

3. 만약에 '형식'과 '실질'이 다르다면 납세자 입장에서는 무엇을 하여야 할까요?

[질문] 김절세 씨가 10년간 보유한 1주택을 양도하였습니다. 당연히 1세대 1주택 비과세라고 판단하고 세무서에 양도소득세를 신고하지 않았습니다. 그런데 어느 날 세무서로부터 양도소득세 과세 통지서가 날아왔고, 내용을 알아보니 '주택'이라고 믿었던 자신의 집이 건축물대장의 건물 용도에 '주택'이 아닌 '상가'로 표시되어 있었습니다. 김절세 씨는 어떻게 대응하여야 할까요?

☞ 김절세 씨의 '주택(?)'은 원칙적으로 비과세가 맞습니다. 건물의 실질 사용 용도가 '주택'이기 때문입니다. 반면에 과세관청은 건축물대장의 '형식'을 신뢰하고 '상가'에 대한 양도소득세를 부과한 것입니다.

이때 문제는 실질 사용 용도가 '주택'임을 납세자가 증명하여야 한다는 사실입니다. 건물 내부의 사진을 찍어서 제출하든지, 가정용 주택 전기 납부고지서나 도시가스 설비 영수증, 집 전화 가입증명서 등 해당 건물을 실제 '주택'으로 사용하였다는 것을 증명하여야 하는 것입니다.

만약 양도 전에 건축물대장의 건물 용도가 '상가'로 되어 있다는 것을 미리 알았다면, 건축물대장을 실질에 맞게 '주택'으로 수정하는 것도 좋은 방법입니다.

반대의 경우도 있습니다.

김탈세 씨는 건축물대장에는 '주택'으로 표시되어 있지만, 실질은 '상가'를 양도하여 1세대 1주택 비과세를 받았습니다. 이 경우에는 나중에 과세관청이 '실질'인 '상가'임을 증명하여 양도소득세를 추징할 수도 있습니다.

실거래가 VS 기준시가

인터넷 기사나 서적 등에서 부동산 뉴스를 보다 보면 실거래가, 기준시가, 공시지가 등 부동산 가격을 나타내는 다양한 용어를 접할 수 있습니다. 이번 챕터에서는 부동산 가격을 표현하는 용어를 정리해 보겠습니다.

1. 실거래가

'실거래가'는 실제로 시장에서 거래된 가격입니다. 예컨대 '국토교통부 실거래가 공시시스템'에서 공시되는 금액이 실거래가입니다.

2. 기준시가 등

① 모든 부동산마다 실거래가가 존재하는 것은 아닙니다. 오랫동안 거래가 없거나 유사한 물건을 찾기 힘든 부동산이거나, 상속·증여 등으로 취득한 부동산은 실거래가를 알 수 없습니다. 그렇기 때문에 정부 또는 지자체에서 매년 거의 모든 부동산에 대하여 기준시가 등을 평가하여 고시하고 있습니다.

통상적으로 이러한 기준시가 등은 실거래가의 60~80% 정도가 되며, 정부가 지속적으로 기준시가를 올려서 실거래가에 근접시키려고 노력하고

있습니다.[1]

② 정부가 발표하는 기준시가 등에는 다음과 같이 것이 있습니다.

㉠ '개별공시지가'는 정부가 건축물을 제외한 토지만 평가한 가격입니다.

㉡ '주택공시가격'이란 '주택의 토지와 건물을 합쳐서 평가'한 금액입니다. 개별주택 공시가격(단독주택)과 공동주택 공시가격(아파트)이 있습니다. 국토교통부 '부동산 공시가격 알리미'에서 확인할 수 있습니다.

㉢ 일정 규모 이상의 오피스텔과 상업용 건물의 경우에는 정부와 지자체에서 기준시가를 산정하여 공시하고 있습니다.

3. 실거래가와 기준시가의 적용

① 부동산 세금 중에서 실거래가가 적용되는 세금이 취득세와 양도소득세입니다.

단, 실거래가가 없는 상속·증여 등으로 취득한 부동산의 취득세는 기준시가를 적용하고, 양도소득세에서 취득가액을 알 수 없는 경우에는 기준시가를 기초로 산정한 '환산가액'을 적용합니다.

➠ 『취득계약서를 잃어버리면 취득가액이 제로(0)인가요?』편(79쪽) 참조

② 재산세나 종합부동산세와 같은 보유세의 경우, 기준시가를 기준으로 과세합니다.

---

1) 「부동산 공시가격 현실화 계획」 및 「재산세 부담 완화 방안」 발표(국토교통부, 행정안전부 2020. 11. 03.) 자료에 의하면 공시지가 현실화율을 年 3%p씩 제고, 향후 10~15년에 걸쳐 시세의 90%까지 현실화 할 예정입니다.

양도소득세나 취득세의 경우에는 개별 거래 건수에 대하여 각각의 실거래가 적용이 가능하지만, 재산세나 종합부동산세는 모든 부동산에 대하여 실거래가를 적용할 수 없기 때문에 기준시가를 적용합니다.

③ 상속세나 증여세의 경우는 무엇을 적용할까요?

실거래가 적용이 원칙이지만, 실거래가가 없는 경우가 대부분이므로 보충적인 평가 방법인 '기준시가'를 사용합니다.

▶▶ 오늘의 세금 상식 ◀◀

1. '양도소득세'와 '취득세'는 '실거래가'를 기준으로 과세됩니다.

2. '재산세'와 '종합부동산세'와 같은 보유세는 '실거래가'를 적용할 수 없으므로 '기준시가'를 기준으로 과세됩니다.

03 보는 법이 이렇게 쉬웠어? – 등기부등본 1

1. 등기부등본이란?

부동산 등기부등본은 부동산에 대한 권리관계 및 현황이 기재되어 있는 공적 장부입니다. 우리가 부동산 거래를 하기 전에, 항상 제일 먼저 보는 것이 등기부등본입니다.

일반적으로 공인중개사가 등기부등본을 확인하고, 거래 당사자들은 자세히 보지 않는 경우가 대부분입니다. 그래서인지 등기부등본을 아직도 잘 모르는 분들이 많습니다. 하지만 등기부등본은 부동산 거래 시 필수적으로 확인하여야 하는 가장 중요한 서류입니다. 반드시 본인이 확인하는 습관을 기르는 것이 좋습니다.

2. 등기부등본의 구성

등기부등본은 표제부, 갑구, 을구의 세 가지 항목으로 구성되어 있습니다.

3. 표제부

표제부는 가장 기본적인 사항으로 해당 건물의 주소, 용도, 면적 등 건물

자체의 대한 가장 기본적인 내용입니다. 주택의 ①주소 ②동·호수 ③면적 ④건물의 구조가 맞는지 확인하여야 합니다. 특히 다가구주택이나 오피스텔의 경우, 계약상의 집이 등기부등본상에 표시가 되지 않은 층수라면 불법 증축일 확률이 높습니다.

아래의 그림은 우리가 가장 흔히 볼 수 있는 아파트의 등기부등본입니다.

아파트의 경우, 집합건물이기 때문에 ①1동의 건물의 표시와 ②전유 부분의 건물의 표시로 나누어집니다. 즉, 아래 표제부의 경우 ①1동(제1407동)에 대한 사항과 ② 해당 호실(제1201호)에 대한 사항을 구분하여 별도로 표시합니다.

단독주택의 경우에는 건물 전체에 대한 표시가 별도로 필요하지 않기

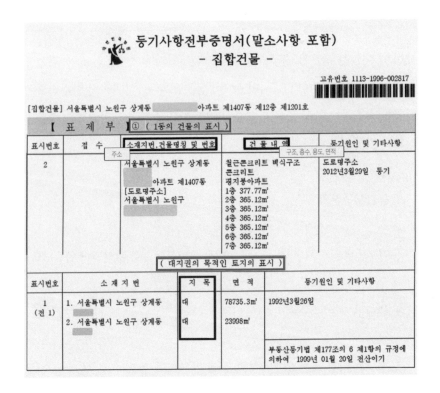

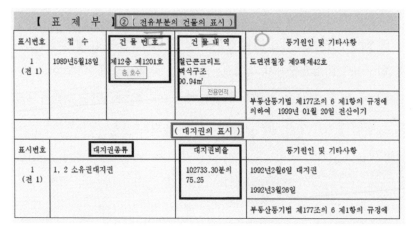

【 표 제 부 】 ② (전유부분의 건물의 표시)					
표시번호	접 수	건 물 번 호	건 물 내 역	○	등기원인 및 기타사항
1 (전 1)	1989년5월18일	제12층 제1201호 층, 호수	철근콘크리트 벽식구조 00.94㎡ 전용면적		도면편철장 제9책제42호 부동산등기법 제177조의 6 제1항의 규정에 의하여 1999년 01월 20일 전산이기

(대지권의 표시)			
표시번호	대지권공류	대지권비율	등기원인 및 기타사항
1 (전 1)	1, 2 소유권대지권	102733.30분의 75.25	1992년2월6일 대지권 1992년3월26일 부동산등기법 제177조의 6 제1항의 규정에

때문에 ①1동의 건물의 표시가 없습니다. 그리고 주택은 '건물+토지'로 구성되기 때문에 건물 부분과 토지 부분을 별도로 표시해 줍니다. 토지에 관한 사항은 '대지권'이라는 명칭으로 표시되어 있습니다.

① 1동의 건물의 표시

집합건물 1동 건물의 표시입니다. 소재지번(주소), 건물 명칭, 건물 내역 등이 적혀 있습니다. 건물 내역에는 건물의 구조, 층수, 용도, 면적이 나와 있습니다.

② 대지권의 목적인 토지의 표시

'대지권의 목적인 토지의 표시'란 집합건물의 토지를 말합니다. 소재지번, 지목, 면적 등이 적혀 있습니다. 주택의 경우, 토지의 지목은 '대'입니다

③ 전유 부분의 건물의 표시

'전유 부분'이란 건물의 구분 소유자가 개별적으로 전용하여 사용하는 부분입니다. 상대적인 개념으로 '공용 부분'이 있습니다. '전유 부분의 건물의 표시'란 집합건물에 속한 '한 세대'(제1201호)에 대한 건물의 표시를 말합니다. 건물의 층과 호수, 해당 건물의 전용 면적이 작성되어 있습니다.

④ 대지권의 표시

대지권의 종류, 대지권 비율 등으로 구성되어 있습니다. 대지권의 종류는 일반적으로 소유권이며, 대지권 비율은 전체 토지 중에 '해당 호실(한 세대)'이 차지하는 부분을 표시해 줍니다. 향후 재건축·재개발을 생각하고 있다면, 당연히 전유 부분 대지권이 많은 것이 유리합니다.

▶▶ 오늘의 세금 상식 ◀◀

1. 부동산 거래를 하기 전에는 반드시 등기부등본부터 확인해야 합니다. 당연히 본인이 확인해야 합니다.

2. 등기부등본은 ①표제부 ② 갑구 ③ 을구의 세 가지 항목으로 구성되어 있습니다.

3. 표제부에서는 ① 주소 ② 동·호수 ③ 면적 ④ 건물의 구조를 확인하여야 합니다.

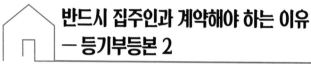

04
반드시 집주인과 계약해야 하는 이유
— 등기부등본 2

부동산 계약은 반드시 집주인과 직접 체결하여야 합니다. 등기부등본에는 부동산 소유권에 대한 자세한 사항이 나와 있습니다.

1. 갑구

갑구에는 소유권과 소유권에 관련한 권리관계가 기재되어 있습니다. 즉, 집주인이 누구인가가 표시되어 있는 부분입니다.

【 갑 구 】 (소유권에 관한 사항)				
순위번호	등 기 목 적	접 수	등 기 원 인	권리자 및 기타사항
2	소유권이전	2003년9월29일 제94851호	2003년8월29일 매매	소유자 노■■■-******* 서울 노원구 1407-1201
3	소유권이전	2016년1월20일 제4035호	2015년10월12일 매매	공유자 지분 2분의 1 김■■■-2010320 서울특별시 성북구 (종암동,노블레스타워) 지분 2분의 1 이■■■-1010313 경기도 양주시 ■■■ ■■■■■■■■■■ 거래가액 금429,500,000원

① 순위번호는 소유권의 순위번호입니다. 즉, 마지막 순위번호가 현재 소유자를 표시합니다. 만약 이전 소유자를 알고 싶으면 등기부등본을 발급 시 '말소사항 포함'을 선택하여 발급하면 됩니다.

② '등기원인'일은 일반적인 유상거래의 경우, 부동산 계약일을 말합니다. '접수'일은 실제 등기소에 해당 서류가 접수된 날짜로, 대부분 잔금 청산일과 일치합니다. ⟹ 「잔금 날짜 조정하면 세금이 감소합니다 — 부동산 취득과 양도 시기」편(62쪽) 참조

③ 갑구에서 반드시 최종 소유자를 확인하고, 그 소유자와 계약을 체결하여야 합니다. 물론, 계약금이나 잔금도 주택 소유자 통장으로 입금해야 합니다.

만약, 소유자가 해외 출장 등으로 배우자 또는 공인중개사가 대리인으로 주택 거래를 해야 한다면, 유선상으로라도 대리인에게 대리권을 주었다는 점을 확인해야 하며, 소유자의 인감도장이 날인된 위임장과 인감증명서를 반드시 확인하여야 합니다. 가짜 집주인을 내세워 전세금을 횡령하는 사기가 종종 발생하니 주의해야 합니다.

④ 만약에 갑구란에 가압류, 가처분, 압류, 경매 등의 다른 등기가 있다면 분쟁의 소지가 있으므로 부동산 계약을 피하는 것이 좋습니다.

예를 들어 가처분 등기일 이후 전세 계약을 체결한 경우, 가처분을 한 사람이 승소를 하면 세입자는 집을 비워 주어야 하며, 전세금을 돌려받지 못할 수도 있습니다.

⑤ 참고로, 2006년부터 주택의 경우에는 거래대금이 갑구에 기재되니 기억해 두면 좋습니다.

1. 갑구에는 소유권과 소유권에 관련한 권리관계가 기재되어 있습니다. 부동산 계약 체결 시 반드시 갑구상 소유자와 거래해야 합니다.

2. 부동산 소유권을 표시하는 갑구란에 가압류, 가처분, 압류, 경매 등의 다른 등기가 있다면 분쟁의 소지가 있으므로 부동산 계약을 피하는 것이 좋습니다. 을구란의 근저당권 등의 설정보다 갑구란의 가압류 등의 설정이 훨씬 위험할 수 있습니다.

자세히 보지 않으면 전세금을 날릴 수도 있습니다
— 등기부등본 3

부동산 등기부등본에는 소유권뿐만 아니라 여러 권리관계가 표시되어 있습니다. 등기부등본에 기재되어 있는 권리관계는 자세히 보고, 반드시 선순위를 파악해야 합니다.

1. 을구

① 을구는 '소유권 이외'의 권리에 관한 사항이 표시됩니다. 일반적으로 소유권 이외의 권리란 (근)저당권, 전세권, 지상권 등이 있으나, 가장 많이 표시되는 권리는 (근)저당권입니다.

② 집주인이 은행 대출을 실행하여 집을 구매할 경우, 은행이 설정한 근저당권을 흔히 볼 수 있습니다. 이러한 경우 집이 경매로 넘어가게 되면 세입자가 보증금을 못 받을 수도 있기 때문에 계약 전에 주의해야 합니다.

③ 근저당권 설정 등기는 '채권최고액'으로 표시되어 있습니다. 일반적으로 은행이 대출원금의 120 ~ 130% 정도의 금액을 채권최고액으로 설정합니다. 다음 사례의 경우, 대출원금 4억의 120%를 설정하여 채권최고액 4.8억이 설정되었음을 을구에서 표시하고 있습니다.

【 을 구 】	(소유권 이외의 권리에 관한 사항)			
순위번호	등 기 목 적	접 수	등 기 원 인	권리자 및 기타사항
~~1~~ ~~(전 13)~~	~~근저당권설정~~	~~2000년6월7일~~ ~~제26773호~~	~~2000년6월7일~~ ~~설정계약~~	~~채권최고액 금일억이천만원~~ ~~채무자 (주)보~~ ~~서울 강동구 삼사동 478-24~~ ~~근저당권자 (주)한빛은행 110111-0023393~~ ~~서울 중구 회현동1가 203~~ ~~(강동구청지검)~~
6-2	6번근저당권변경	~~2008년5월20일~~ ~~제22599호~~	~~2008년5월20일~~ ~~확정채무와~~ ~~면책적인수~~	~~채무자 박~~ ~~서울특별시 강동구 명일동 아파트~~ ~~3-210~~
7	5번근저당권설정등 기말소	2006년1월31일 제4840호	2006년1월31일 해지	
8	6번근저당권설정등 기말소	2008년7월3일 제31078호	2008년7월3일 해지	
9	근저당권설정	2020년2월28일 제39087호	2020년2월28일 설정계약	채권최고액 금480,000,000원 채무자 이 서울특별시 노원구 1호(상계동 주공아파트) 근저당권자 농협은행주식회사 110111-4809385 서울특별시 중구 통일로 120 (충정로1가) (신설동지점)

-- 이 하 여 백 --

④ 최소한 해당 주택 가격에서 근저당권 금액을 차감한 금액이 전세보증금보다 많아야 합니다.

예를 들어, 위의 을구에서 주택 가격이 6억이고, 전세보증금이 4억이라면 위의 주택은 전세 계약을 하면 안 됩니다. 만약 해당 주택이 경매에 넘어갈 경우, 주택 매각대금 6억에서 채권최고액 4.8억을 차감하고 나면, 1.2억밖에 남지 않으므로 전세금을 온전히 보전할 수 없습니다. 여기에 유찰 등으로 인하여 경매대금이 6억 이하가 될 수도 있고, 다른 조세채권 등이 있는 경우 전세 세입자가 받는 금액은 더욱 줄어들 수 있습니다.

⑤ 특히 다가구주택의 경우에는, 본인보다 먼저 이사하여 확정일자를 받은 다른 세입자의 보증금이 선순위가 됩니다. 확정일자는 등기부등본에 표시되지 않기 때문에 전세 계약을 체결하기 전에 반드시 집주인에게 확인을 받아 두는 것이 좋습니다. 그리고 순위 확보를 위하여 이사 당일 신속하게 확정일자와 전입신고를 반드시 해야 합니다.

2. 그 밖에 알아둘 사항

① 참고로, 등기부등본 상의 붉은색 실선에 해당되는 내용은 말소된 기록입니다.

② 순위번호 1, 2, 3이 주등기이며, 1-1, 2-1 등은 보조등기로써 주등기의 내용이 말소됨과 동시에 말소됩니다.

③ 집주인이 을구의 채무를 모두 이행한 경우, 반드시 해당 금융기관에 근저당권 등의 말소 처리를 요청하여야 합니다. 대출금을 모두 상환하여 실제 대출금이 없는데 근저당권 등이 을구에 남아 있는 경우, 전세 계약 등을 체결 시 장애 요소가 될 수 있습니다.

④ 등기부등본에는 저당권, 근저당권, 전세권, 지상권 등 어려운 법률 용어가 많이 나옵니다. 물론 해당 용어 차이를 알면 좋지만, 자세히 몰라도 큰 불편함은 없습니다. 다만, 등기부등본에 해당 권리가 표시된 경우에는 해당 권리가 우선이며, 나의 권리는 후순위로 밀린다는 개념을 갖고 있어야 합니다. 그러므로 부동산 계약 시 해당 권리가 등기부등본에 표시되어 있다면, 공인중개사 등에게 해당 권리의 위험성 등을 한 번 더 확인해 두는 것이 좋습니다.

1. 을구는 소유권 이외의 권리에 관한 사항이 표시됩니다. 을구에 근저당권이 설정되어 있는 경우, 최소한 집값에서 채권최고액을 차감한 가액(주택시세-채권최고액)이 전세보증금보다 커야 합니다.

2. 전세 계약 시 이사 당일 확정일자와 전입신고는 필수입니다.

3. 등기부등본에 소유권 이외의 다른 권리(저당권, 전세권 등)가 표시되어 있다면, 해당 권리가 우선이며 나의 권리는 후순위로 밀립니다. 그러므로 계약 체결 전 공인중개사 등에게 해당 권리의 위험성을 한 번 더 확인하는 것이 좋습니다.

06
이보다 쉬울 수 없다
— 누진세율

본격적인 부동산 세금 관련 사항을 논하기 이전에 소득세율표 보는 방법을 설명하고자 합니다. 소득세율표 보는 법까지 이 책에 포함시켜야 하나 고민했는데, 의외로 세율표를 보고 제대로 된 세금을 구하지 못하는 분들이 많았습니다. 평소에 별로 접할 기회가 없으니 단순해도 의외로 헷갈려 하는 것 같습니다. 이미 아는 분들은 가볍게 읽고 넘어가면 됩니다.

1. 다음은 우리가 흔히 볼 수 있는 '2021년도 개인소득세율표'[2]입니다.

소득세 과세표준 및 세율(2021년부터)

과세표준	세율	누진공제
1,200만원 이하	6.0%	-
1,200만원 ~ 4,600만원 이하	15.0%	108
4,600만원 초과 ~ 8,800만원 이하	24.0%	522
8,800만원 초과 ~ 1.5억원 이하	35.0%	1,490
1.5억원 초과 ~ 3억원 이하	38.0%	1,940
3억원 초과 ~ 5억원 이하	40.0%	2,540
5억원 초과 ~ 10억원 이하	42.0%	3,540
10억원 초과	45.0%	6,540

---

2) 2021년부터 10억 초과 소득금액에 대하여 개인소득세율 45%가 추가되었습니다.

'종합소득세'와 '양도소득세' 모두 위의 '개인소득세율표'를 동일하게 적용하며, 우리나라 소득세는 구간별로 세율이 다른 '누진세율'을 적용합니다.

위의 '개인소득세율표'는 어떻게 보면 되는 걸까요?

예를 들어 과세표준이 1억이라면 '8,800만원 초과 ~ 1억5,000만원 이하' 구간에 속하게 되어, 1억 × 35%(세율) = 3,500만원, 이렇게 산출세액을 계산하면 될까요?

2. 이를 설명하기 이전에 먼저 누진세율에 대하여 설명하고자 합니다.

누진세율은 '단순누진세율'과 '초과누진세율' 두 가지가 있습니다.

예를 들어, 100만원 이하는 10%, 100만원 초과 1천만원 이하는 30%, 1천만원 초과 2천만원 이하는 50%의 세율이 적용되는 세금이 있습니다.

단순누진세율은 금액 총액에 대하여 세율을 곱하는 방식입니다. 과세표준이 500만 원이라면, 단순누진세율의 경우 세율은 30%가 되고 해당 세액은 단순히 150만원(500만원 × 30%)이 됩니다. 즉, 단순누진세율은 단순비례세율과 동일한 개념입니다.

반면에 초과누진세율은 누진 구간마다 다른 세율을 적용하는 방식입니다.

위의 예시처럼 과세표준이 500만원이라면 세액은 130(100 × 10% + 400 × 30%)만원이 됩니다. 즉, 100만원까지는 10%를 적용하고, 500만원 중에서 100만원을 초과하는 400만원에 대하여는 구간세율 30%를 적용하여 세액을 구하는 방식입니다. 여름에 부과되는 전기요금 누진세 방식과 동일합니다.

3. 개인소득세율은 어떤 누진세율 방식을 사용할까요?

당연히 초과누진세율을 사용합니다. 왜 초과누진세율을 사용할까요?

만약 단순누진세율을 적용한다면 위의 예시에서 과세표준이 99만원인 사람과 101만원인 사람을 비교하여 볼 때, 과세표준은 2(101-99)밖에 차이가 안 나지만, 실제 세금 차이(101×30% - 99×10% = 20.4)가 너무나 많이 발생하기 때문입니다. 소득이 2만큼 늘었는데 세금이 20.4만큼 증가하는 이해할 수 없는 상황이 되기 때문입니다.

즉, 단순누진세율은 조세형평상 맞지 않으며, 세법에서는 쓰이지 않습니다.

그러므로 개인소득세뿐만 아니라 누진세율 형태의 모든 세금은 초과누진세율을 적용합니다. 법인세, 재산세, 종합부동산세 등 세율의 구간이 있는 세금들은 모두 초과누진세율을 사용한다고 보면 됩니다.

4. 개인소득세율표를 다시 살펴보면, 과세표준이 1억인 경우에는 1억 × 35%(세율) = 3,500만원이 아니며, 단순누진세율 35%를 적용할 경우에 과대계상되는 금액(1,490만원)을 누진공제액으로 차감시켜 줍니다.

즉, 1억 ×35%(세율) - 1,490만원 = 2,010만원이 되는 것입니다. 그래서 세율 옆에 항상 누진공제액이 표시됩니다.

5. 다음의 표도 우리가 흔히 볼 수 있는 '2021년도 개인소득세율표'입니다.

과세표준	세율
1,200만원 이하	과세표준의 6%
1,200만원 초과 4,600만원 이하	72만원 + 1,200만원을 초과하는 금액의 15%
4,600만원 초과 8,800만원 이하	582만원 + 4,600만원을 초과하는 금액의 24%
8,800만원 초과 1억5천만원 이하	1,590만원 + 8,800만원을 초과하는 금액의 35%
1.5억원 초과 3억원 이하	3,760만원 + 1.5억원을 초과하는 금액의 38%
3억원 초과 5억원 이하	9,460만원 + 3억원을 초과하는 금액의 40%
5억원 초과 10억원 이하	1억 7,460만원 + 5억원을 초과하는 금액의 42%
10억원 초과	3억 8,460만원 + 10억원을 초과하는 금액의 45%

처음에 제시된 '2021년도 개인소득세율표'(56쪽)와 바로 위의 '2021년도 개인소득세율표'(59쪽)는 다른 걸까요? 아닙니다, 같은 표입니다. 다만, 56쪽의 표는 일단 단순누진세율을 곱하고 과대 계상되는 부분을 누진공제액으로 차감하는 방식이고, 59쪽의 표는 초과누진세율 방식 그대로 표현한 것뿐입니다.

예를 들어 '1,200만원 초과 4,600만원 이하' 구간에서 72만원은 전 단계에서 구한 세금의 총합계(1,200만원 × 6%)이며, 1,200만원을 초과하는 구간만 초과누진세율 15%를 곱한 금액을 합하여 구하는 방식입니다.

과세표준 1억에 대한 세액을 59쪽의 표를 이용하면 1,590만원 + (1억 − 8,800만원) × 35% = 2,010만원이 되며, 56쪽의 표를 이용하여 구한 방식과 일치하게 됩니다.

6. 인터넷 기사나 서적 등을 보면 설명한 2개의 표 중 하나로 설명하는 경우가 많은데, 서로 다른 것이 아니라는 것을 이해하고 헷갈리지 않았으면 합니다.

너무나 쉬운 내용을 너무 길게 설명했나요? 이런 기초적인 내용부터 하나하나 습득해 가다 보면, 세금을 처음 접하는 분들이라도 어느덧 세금 고수가 되어 있을 겁니다.

▶▶ 오늘의 세금 상식 ◀◀

1. '개인소득세율표'로 개인소득세 구하기 - 초등학생도 할 수 있습니다.

제3장

절세의 시작, 양도소득세

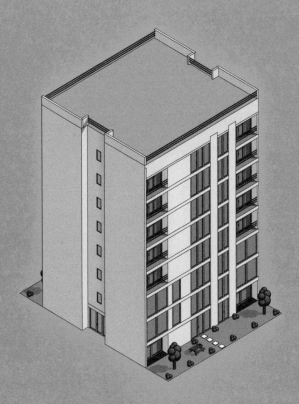

01
잔금 날짜 조정하면 세금이 감소합니다
― 부동산 취득과 양도 시기

부동산 거래에 있어서 양도와 취득 시기는 생각보다 중요합니다. 부동산을 양도하는 사람의 '양도일'은 취득하는 사람의 '취득일'이 됩니다. 양도와 취득 시기로 인하여 양도소득의 귀속연도 결정, 보유기간 산정, 장기보유특별공제 산정 등 많이 부분이 영향을 받습니다. 너무도 당연한 이야기 같지만, 제가 실무를 하다 보니 정확히 모르는 분이 많은 듯하여 여기서 간략하게 정리해 보겠습니다.

1. 일반적인 유상취득 부동산의 양도 및 취득 시기 기본 원칙은 다음과 같습니다.

구분		양도 및 취득시기
대금청산일이 분명한 경우	원칙	대금청산일
	예외	대금 청산 전에 소유권이전등기를 한 경우 등기부 등에 기재된 등기접수일 또는 명의개서일
대금청산일이 불분명한 경우		등기부 등에 기재된 등기접수일 또는 명의개서일

① 양도 및 취득 시기의 기본 원칙은 '대금청산일'입니다.

단, 대금 청산 전에 소유권이전등기를 한 경우 '등기부 등에 기재된 등기접수일'을 양도(취득) 시기로 봅니다. 일반적인 부동산 유상 거래에 있어서 양도(취득) 시기는 '대금청산일과 등기접수일 중 빠른 날'이 됩니다. 실무적으로 대금청산일과 등기접수일은 거의 일치합니다.

주말에 잔금을 치르는 경우 또는 등기소 사정으로 등기접수일이 대금청산일보다 1~2일 늦는 경우는 발생할 수 있으나, 등기접수일이 대금청산일보다 빠른 경우는 거의 없다고 보면 됩니다. 잔금을 치르지 않았는데 등기권리증을 넘기는 집주인은 없습니다. 요즘에는 은행 계좌 이체로 잔금을 납부하는 경우가 대부분이라 대금청산일이 명확합니다.

'계약일'이나 계약서상에 있는 '잔금지급약정일'은 양도(취득)일과 관련이 없습니다. '실제'로 대금을 지급한 날이 중요합니다. 부동산 계약일이 양도(취득)일이 아님을 주의하여야 합니다. 즉, 대부분의 유상거래는 '대금청산일'이 매도자에게는 '양도일(양도시기)'이 되고, 매수자에게는 '취득일(취득시기)'이 됩니다.

② 참고로 등기부등본의 갑구를 살펴보면 '등기원인일'과 '등기접수일'이 있습니다. 이 중 어느 것이 취득일일까요?

등기원인일은 매매계약일이며, 등기접수일은 실제로 등기소에 접수한 날짜입니다. 등기원인일을 잔금일로 착각하면 안 됩니다.

➠ 「반드시 집주인과 계약해야 하는 이유 ― 등기부등본 2」편(49쪽) 참조

실무적으로 시간이 오래되어 잔금청산일을 정확히 기억하지 못하는 경우에는 일단 '등기접수일'을 '대금청산일'로 보면 됩니다. 일반적으로 잔금

【 갑 　 구 】 (소유권에 관한 사항)				
순위번호	등 기 목 적	접 　 수	등 기 원 인	권리자 및 기타사항
1 (전 3)	소유권이전	1996년10월23일 제91510호	1996년10월2일 매매	소유자 정　　　291128-******* 부천시 원미구 중동 936동

을 납부하면서 등기도 같은 날 이루어지기 때문입니다.

2. 대금청산일이 불분명한 경우에는 등기접수일을 취득(양도) 시기로 봅니다.

부동산 고유 성격상 장기간 보유가 많기 때문에 오래전에 취득한 부동산의 대금청산일을 기억하기 쉽지 않으므로 등기접수일을 예외로 인정해 주고 있습니다.

만약 부동산의 대금청산일과 등기접수일이 다른 경우에는, 계약서 등과 함께 금융거래내역을 보관하는 것이 좋습니다. 나중에 해당 부동산을 양도할 경우, 며칠 차이로 세금이 달라질 수 있기 때문입니다.

아래 사례에서 보듯이 양도시기는 실제 잔금지급일과 등기접수일이 중요합니다.

계약일	잔금지급약정일	실제잔금지급일	등기접수일
2020.06.01	2020.10.01	2020.11.15	2020.11.20

- 대금청산일이 분명한 경우: 2020.11.15
- 대금청산일이 불분명한 경우: 2020.11.20

3. 결국 매도자는 '대금청산일'을 신중하게 결정하여야 합니다.

대금청산일을 언제로 하느냐에 따라서 보유기간이 2년이 될 수도 있고, 2년이 안 될 수도 있습니다. 대금청산일을 며칠만 미루면 장기보유특별공제를 더 받을 수도 있습니다.

그리고 당해 연도에 다른 양도소득이 있는 경우에는 '양도소득세 합산과세'를 피하기 위하여 잔금청산일을 내년으로 미루어야 합니다. 마찬가지로 당해 연도 다른 양도차손이 발생한 경우에는 잔금청산일을 당해로 하여 양도차손익을 상계처리할 수도 있습니다. 양도소득세는 단 하루 차이로 몇 억의 세금 차이가 발생할 수도 있습니다.

4. 1세대 1주택 비과세 2년 보유를 받기 위하여, '계약금+중도금'을 전체 거래가액의 99%를 미리 받고, 잔금 1%만 남겨 보유기간을 늘리는 꼼수 계약을 하는 경우도 있습니다. 일부 소액의 잔금을 미지급하여 '대금청산일'을 미루는 것입니다. 그러나 '대금청산일'은 사회통념상 '대금의 거의 대부분이 지급된 날'을 의미합니다.

매매대금의 95%를 지급하고 5%만 잔금으로 남기는 경우, 5% 잔금지급일이 아닌 95%를 지급한 날을 대금청산일로 본 판례가 있으니 소액 잔금은 주의하여야 합니다. 물론 '사회통념상 거의 지급되었다'는 것에 정답은 없으며 개별사안에 따라 종합적으로 판단할 사항입니다.

그러므로 부동산 매매 계약을 할 때는 잔금을 전체 거래가액의 최소 10% 이상으로 하여 대금청산일을 명확히 하여야 합니다.

5. 부동산 매각에 대한 양도소득세를 매수자가 부담하기로 약정한 경우에는, 해당 양도소득세를 제외한 금액을 지급하면 대금을 청산한 것으로 봅니다.

1. 부동산 취득시기는 '잔금청산일과 등기접수일 중 빠른 날'입니다.

2. 잔금청산일은 '실제'로 대금을 지급하는 날이며, 계약일이나 계약서상의 잔금청산일과 상관이 없습니다.

3. 등기부등본에서는 특별한 사정이 없는 한 '등기접수일'이 '잔금청산일'과 일치합니다. '등기원인일'은 계약일이며 잔금청산일과 관련이 없습니다.

4. 부동산을 매도하는 분은 '잔금청산일'을 신중하게 결정해야 합니다. 단 며칠 차이로 비과세를 못 받을 수도 있으며, 당해 연도에 다른 양도차익이 있는 경우에는 잔금청산일을 내년으로 미루어 양도세 중과를 피하기 바랍니다.

02
분양권이 아파트가 되면
보유기간을 합산하나요?

앞의 챕터에서는 유상거래를 원인으로 취득하는 부동산의 취득(양도) 시기에 대하여 알아보았습니다. 유상거래의 경우, 대금청산일을 취득(양도) 시기로 보며, 대금청산일을 조정하여 양도소득세를 절세할 수 있음을 살펴보았습니다.

이번 챕터에서는 유상거래 외를 원인으로 취득하는 부동산의 취득시기를 알아보겠습니다. 유상거래가 아닌 경우, 잔금지급일이 없기 때문에 취득시기를 구하는 데 있어서 다른 기준을 사용하여야 합니다.

1. 자가 건축물의 취득시기

자기가 건설한 건축물의 취득시기는 원칙적으로 '사용승인서 교부일'입니다. 다만, 사용승인서 교부일 전에 사실상 사용하거나 사용 승인을 얻은 경우 '사실상 사용일 또는 사용 승인일 중 빠른 날'을 말합니다.

2. 분양권의 취득시기

① 일반분양자 분양권 취득시기는 '당해 부동산을 분양받을 수 있는 권리가 확정되는 때(아파트당첨권은 당첨일)'입니다. 단, 타인으로부터 그 권리를 매수한 경우에는 유상거래와 마찬가지로 '대금청산일'이 됩니다.

② 일반 분양을 받은 아파트가 완공된 후 잔금을 청산한 경우 '대금청산

일', 잔금을 청산하기 전에 소유권이전등기를 한 경우 '등기접수일'이 취득시기가 됩니다.

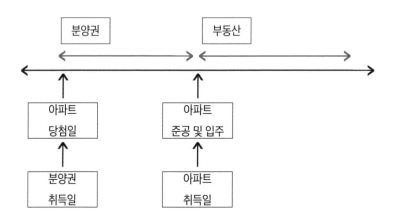

③ 분양권의 경우에는 부동산을 취득할 수 있는 권리일 뿐이며, 분양받은 아파트가 완공된 후에야 부동산이 됩니다. 다시 말해서 분양권과 해당 아파트는 전혀 별개의 과세물건이며, 그러므로 취득시기도 각각 산정하여야 합니다.

즉, 분양을 받고 잔금을 납부하여 취득한 아파트의 취득일은 분양권 취득일이 아니며, 분양권 취득과는 별개로 아파트 잔금청산일이 취득일이 됩니다.

통상적으로 신축 아파트의 경우, 입주 후 2년 직후 매물이 많이 나오는 것은 아파트 보유기간 2년을 인정받았기 때문입니다. 당연히, 아파트 취득시기는 대금청산일(입주일)이 되며, 분양권 취득일과는 관계가 없습니다.

3. 이혼으로 인한 취득시기

'이혼 위자료'로 자산을 취득한 경우, 이혼 시 실행한 '소유권이전등기접수일(이혼 시 취득일)'이 취득일이 되며, '재산분할 청구권'으로 부동산이 이전되는 경우에는, '이혼 전 배우자의 해당 자산 당초 취득일'이 취득일이 됩니다.

➡ 「'재산분할'로 준다는데 받으면 되는 건가요? — 이혼하면서 받기로 한 부동산」편(120쪽) 참조

구분	양도 및 취득 시기
자가건설한 건축물	사용승인서 교부일 또는 사용승인일, 사실상 사용일 중 빠른 날
분양권(원분양자)	부동산을 분양받을 수 있는 권리가 확정되는 날(아파트 당첨일)
분양권(승계취득자)	잔금청산일
일반 분양받은 아파트	잔금청산일
상속	상속개시일(사망일)
증여	증여받는 날(증여등기 접수일)
공익사업에 수용되는 경우	잔금청산일, 수용개시일 또는 소유권이전등기접수일 중 빠른 날
경매	경매대금을 완납한 날

▶▶ 오늘의 세금 상식 ◀◀

1. 분양권의 취득시기는 원분양자는 아파트 당첨일이며, 중도 매수자는 대금 청산일입니다.

2. 분양받은 아파트의 취득시기는 해당 분양권 취득시기와 관련이 없습니다. 일반 유상거래와 마찬가지로 '잔금청산일과 등기접수일 중 빠른 날'입니다.

세법 적용, 취득일 기준? 양도일 기준?

동일한 부동산임에도 불구하고 취득시기의 상황과 양도시기의 상황이 변동되는 경우가 있습니다.

예를 들면, 취득 시 상가였으나 용도 변경을 하여 양도 시 주택이 되었습니다. 해당 건물은 상가일까요, 주택일까요? 장기보유특별공제율이 개정되어 취득 시와 양도 시의 공제비율이 변동되었습니다. 어느 것을 적용해야 할까요?

1. 양도소득세 대부분의 규정은 취득일이 아닌 '양도일 현재'를 기준으로 계산합니다.

예를 들어 취득 당시 양도소득세율과 양도 당시 양도소득세율이 다른 경우, 양도 당시 양도소득세율을 적용합니다. 취득 시 상가였으나 용도 변경을 하여 양도 시 주택이 되었다면, 주택으로 양도하여야 합니다. 1세대 1주택 비과세 요건도 '양도일 현재' 기준입니다.

장기보유특별공제, 세액 감면 등 거의 모든 규정이 양도일 기준으로 계산되기 때문에, 실무상 취득일보다는 '양도일'이 훨씬 중요합니다.

2. 예외적으로 '취득일 현재' 규정을 적용하여야 하는 경우가 있습니다.

(아래의 내용은 뒷부분에 다시 서술되므로 100% 이해 못해도 됩니다)

① 1세대 1주택 비과세 적용 시 조정대상지역은 '2년 보유 이외의 2년 거주' 요건을 반드시 충족하여야 합니다. 조정대상지역 2년 거주 요건은 '취득일 현재' 조정대상지역이어야 합니다.

즉, 취득 당시 조정대상지역이면 양도 당시 조정지역에서 해제되었다고 할지라도 2년 거주를 하여야 비과세 혜택을 받을 수 있습니다. 마찬가지로 취득 당시 조정대상지역이 아닌 경우, 양도 당시 조정대상지역으로 지정되었다 할지라도 2년 거주 요건을 충족할 필요가 없습니다.

▥▶ 「취득시점이 중요합니다 – 조정지역 2년 거주」편(207쪽) 참조

② 일시적 2주택 비과세 특례로, 신규 주택을 취득한 날부터 종전 주택을 '3년 이내' 양도하여야 합니다.

단, 종전 주택이 조정대상지역이고 신규 주택도 조정대상지역일 경우에는 '1년 이내' 종전 주택을 양도하여야 하며, 세대 전원이 전입까지 해야 합니다.

여기서 신규 주택 조정대상지역 판정은 신규 주택 '취득 당시'입니다.

신규 주택이 '취득 당시' 조정대상지역이 아니라면 '양도 당시' 조정대상지역으로 지정되었다고 할지라도 종전 주택을 3년 이내 양도 시 일시적 2주택 비과세 요건을 충족합니다.

▥▶ 2년 거주하였다고 당연히 비과세 아닙니다 편(235쪽) 참조

▶▶ 오늘의 세금 상식 ◀◀

1. 양도소득세 계산의 대부분은 '양도일 현재' 규정을 적용합니다.

04
예정신고 했는데 다음해 확정신고 다시 해야 하나요?
─ 예정신고와 확정신고

부동산 양도소득세가 발생하는 경우, 이를 세무서에 신고·납부하여야 합니다. 그런데 양도소득세는 다른 세금과 달리 '예정신고'와 '확정신고', 두 번을 해야 하는 경우가 있습니다. 이번 챕터에서는 양도소득세 신고 기한 및 예정신고와 확정신고에 대하여 알아보겠습니다.

1. 양도소득세 신고 기한

① 예정신고 기한

일단 부동산 등을 양도하여 양도차익이 발생한 경우, 무조건 '예정신고'를 하여야 합니다. 예정신고 누락 시 가산세 대상이 됩니다. 부동산에 대한 양도소득세 예정신고 기한은 양도일이 속하는 달의 말일부터 2개월 이내 입니다.

예를 들어 2020년 6월 10일에 부동산을 양도하였다면, 2020년 8월 31일까지 양도소득세를 신고·납부하여야 합니다.

② 확정신고 기한

양도소득세에는 다른 세목에는 없는 '확정신고 기한'이라는 것이 있습니다. 양도소득세는 1월 1일부터 12월 31일까지 1년 동안 발생한 모든 양도소득을 합산합니다. 즉, 한 해에 부동산 등의 양도를 2회 이상 하였을 경우, 이를 모두 합산하여 다시 신고하여야 하며, 이를 '확정신고'라고 합니다.

해당 과세 기간의 양도소득금액이 2회 이상 있는 경우, 다음 연도 5월 1일 부터 5월 31일까지 납세지 관할 세무서장에게 그 과세표준을 신고하여야 합니다. 종합소득세 신고 기한과 일치합니다.

예를 들어, 2020년도 중에 부동산을 2번 이상 양도하였다면, 2020년에 2번 모두 예정신고를 하였다 할지라도 2021년 5월 31일까지 확정신고를 반드시 하여야 합니다.

③ 확정신고가 필요한 이유

양도소득세에 확정신고가 추가로 있는 이유는 1년분에 대한 양도소득을 모두 합산하여 과세하기 때문입니다.

예를 들어, 김절세 씨는 2019년에 건물 A와 건물 B를 각각 양도하였고, 각각의 건물에서 양도차익이 1억씩 발생하였습니다. 양도차익이 1억일 경우, 납부하여야 할 양도소득세는 약 2천만원 정도 됩니다.

김절세 씨는 A건물과 B건물을 양도할 때마다 예정신고를 하여 2019년 도에 총 4천만원(2천만원+2천만원)의 세금을 납부하였습니다. 하지만 김절세 씨가 최종적으로 납부하여야 할 양도소득세는 4천만원이 아닙니다.

같은 해의 양도차익을 모두 합산하여야 하므로 양도차익이 2억(1억+1억)이 되며, 누진세율로 인하여 납부하여야 할 금액이 5.6천만원 정도로 증가합니다. 즉, 양도소득세 차이 1.6천만원(5.6천만원 - 4천만원)을 다음해인 2020년 5월 31일까지 다시 신고·납부하여야 합니다.

양도소득세율이 누진세율이기 때문에 '개별로 2회 신고한 금액의 합(4천만원)'과 '2회의 양도소득금액을 합산하여 누진세를 적용한 세금(5.6천만원)'이 서로 다르기 때문에 다음해 5월에 확정신고를 다시 한 번 하게 됩니다.

만약 2019년 양도가 1회만 발생하였고, 양도소득세 예정신고를 하였다면 다음해에 확정신고를 하실 필요가 없습니다. 최종 납부할 양도소득세와 2019년에 이미 납부한 양도소득세가 일치하기 때문입니다.

그렇다면 양도소득세 확정신고만 하고, 예정신고를 하지 않아도 될까요? 안타깝게도 확정신고를 하였다고 할지라도 예정신고 누락 시 가산세 대상입니다.

④ 양도할 부동산이 2건 이상인 경우, 양도시기를 조절하여 양도소득세를 절감할 수 있습니다.

위의 김절세 씨 사례처럼, 2019년에 2건 모두 양도하였다면 5.6천만원의 양도소득세가 발생하지만, 2019년에 1건, 2020년에 1건으로 나누어 양도하였다면 총 양도소득세는 4천만원으로 1.6천만원만큼 세금을 절감할 수 있습니다.

⑤ 2019년까지 개인지방소득세는 양도소득세와 함께 세무서에 동시 신고를 하였지만, 2020년부터 양도소득세는 세무서에, 개인지방소득세는 관

할 지자체(구청)에 따로 신고·납부하여야 합니다. 즉, 1건의 양도신고에 대하여 세무서와 구청에 각각 1번씩, 2번 가서 신고하여야 합니다.

국세청 홈택스를 이용하는 경우, 양도소득세 신고 완료 후 클릭 한 번으로 위택스로 연결되어 별도의 신고 내역 입력 없이 개인지방소득세를 간편하게 신고할 수 있습니다.

2. 양도소득세 Q&A

[질문 1] 올해 부동산을 손해보고 팔았습니다. 양도차손이 발생하여 납부할 세금이 없는데 양도소득세 예정신고를 하여야 하나요?

⮕ 『손해보고 팔아도 양도소득세 신고해야 하나요?』편(86쪽) 참조

☞ 양도차손을 인정받기 위해서는 예정신고를 무조건 하여야 합니다. 국세청에서는 부동산을 양도한 사실만 알고 있으며, 실제 양도가액과 취득가액 등을 세세히 모르기 때문에 양도차손이 발생한 사실을 모릅니다. 그러므로 추후에라도 양도소득세를 신고하라는 안내문이 고지될 확률이 매우 높습니다. 어차피 신고해야 할 거라면 미리 신고하는 것이 좋습니다.

[질문 2] 올해 양도한 부동산이 1세대 1주택 비과세 대상입니다. 양도소득세를 신고하여야 하나요?

☞ 양도세 1세대 1주택 비과세 요건에 해당한다면 필수적으로 신고하지 않아도 됩니다. 다만, 추후 국세청에서 1세대 1주택 여부를 판단할 때 관련 증빙의 제출을 요청할 수도 있습니다.

1. 양도소득세 신고 기한은 양도일이 속하는 달의 말일부터 2개월 이내입니다. 일단 예정신고는 무조건 해야 하며, 이 신고 기한은 반드시 기억해야 합니다.

2. 만약 한 해에 2회 이상 부동산을 양도하였다면, 반드시 다음해 5월 31일까지 양도소득세 확정신고를 다시 해야 합니다. 1회만 양도하였다면, 예정신고로 신고 의무가 종결되며, 확정신고는 할 필요가 없습니다.

3. 만약 양도 예정인 부동산이 2건 이상일 경우, 각각 다른 해에 양도하는 것이 같은 해에 여러 건을 모두 양도하는 것보다 양도소득세를 대폭적으로 절감할 수 있습니다.

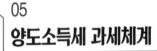

05
양도소득세 과세체계

양도소득세의 개괄적인 과세체계는 다음과 같습니다.

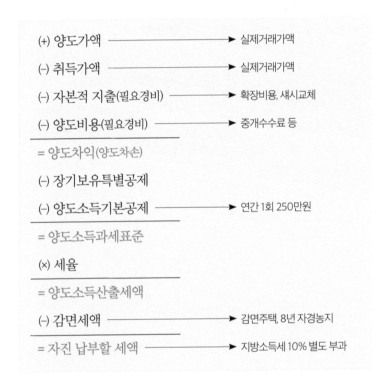

(+) 양도가액	➔ 실제거래가액
(-) 취득가액	➔ 실제거래가액
(-) 자본적 지출(필요경비)	➔ 확장비용, 섀시교체
(-) 양도비용(필요경비)	➔ 중개수수료 등
= 양도차익(양도차손)	
(-) 장기보유특별공제	
(-) 양도소득기본공제	➔ 연간 1회 250만원
= 양도소득과세표준	
(×) 세율	
= 양도소득산출세액	
(-) 감면세액	➔ 감면주택, 8년 자경농지
= 자진 납부할 세액	➔ 지방소득세 10% 별도 부과

얼핏 보면 복잡한 것 같지만, 과세체계 자체는 전혀 복잡하지 않습니다. 이제 순서대로 꼭 알아두어야 할 내용을 살펴보겠습니다.

06
취득계약서를 잃어버리면
취득가액이 제로(0)인가요?

1. 양도가액과 취득가액

양도가액(취득가액)에서 가장 중요한 부분은 '실거래가'를 기초로 한다는 것입니다.

① 양도가액, 취득가액, 자본적지출, 양도비용 모두 '실거래가'로 신고하여야 합니다.

② 만약 취득 시 실거래가를 모르는 경우에는 어떻게 해야 할까요?

'양도가액'은 최근에 거래되었으므로 실거래가를 모르는 경우가 없지만, '취득가액'은 오래전의 일이라 계약서 등이 분실되어 실거래가를 모르는 경우가 많습니다. 그럼 취득가액을 인정받지 못하여 제로(0)가 되는 걸까요?

계약서를 분실하였어도 일단은 걱정할 필요가 없습니다. 이런 경우가 빈번하기 때문에 세법은 '환산취득가액'이라는 제도를 두고 있습니다.

$$환산취득가액 = \frac{양도가액}{(실제가격)} \times \frac{취득 \ 시 \ 기준시가}{양도 \ 시 \ 기준시가}$$

예를 들어 토지의 현재 양도가액(실거래가)이 10억이고, 취득 시 기준시가가 3억, 양도 시 기준시가가 5억입니다. 취득가액을 모르는 경우 토지의 환산취득가액은 얼마일까요?

☞ 토지환산가액 = 양도가액(10억) × 취득 시 기준시가(3억)/양도 시 기준시가(5억) = 6억

양도 시 기준시가 대비 취득 시 기준시가 비율이 60%(3억/5억)이므로, 취득환산가액이 양도가액의 60%가 됩니다.

국세청은 거의 모든 부동산에 대하여 매년 기준시가를 공시하고 있습니다. 환산취득가액은 절대 어려운 개념이 아니며, 기준시가 비율로 취득가액을 추정하면 됩니다.

③ 실무를 하다 보면, '실제' 취득가액보다 '환산' 취득가액이 더 높게 나오는 경우가 생각보다 많습니다. 취득가액이 높아지면 양도차익이 감소하면서, 양도소득세도 적게 나옵니다. 특히, 취득 시 기준시가와 양도 시 기준시가가 비슷하다면 양도차익이 거의 나오지 않습니다.

취득가액 고(高) → 양도차익 저(低) → 양도소득세 저(低) (납세자 유리)
취득가액 저(低) → 양도차익 고(高) → 양도소득세 고(高) (납세자 불리)

④ 이러한 경우(환산취득가액>실제취득가액), '환산취득가액'으로 신고하여도 될까요?

☞ 답은 YES or NO입니다???

실제취득가액을 모르는 경우에는 환산취득가액으로 양도소득세를 신고할 수 있습니다. 하지만 세금이 적게 나온단 이유만으로 실제취득가액을 무시하고 환산가액으로 신고하면 안 됩니다.

국세청은 환산취득가액으로 신고된 사항에 대하여 정말로 취득가액이 불분명한지 조사를 합니다. 예전에는 양도소득세를 '기준시가'로 신고하

던 시절이 있었으나, 2007년부터 '실제거래가' 기준으로 개정되었습니다. 즉, 국세청은 최소한 2007년 이후 부동산 취득가액에 대한 실제거래가액을 알고 있다는 의미입니다.

만약 세무서에서 조사하여 실제 거래한 가격이 확인된다면, 양도소득세를 실거래가 기준으로 납부하여야 할 뿐만 아니라, 과소신고가산세 및 심지어 부당 과소신고가산세가 추징될 수도 있습니다.

⑤ 부동산 취득 시 납부하는 취득세 등은 모두 취득가액에 포함됩니다.

취득세와 등록세의 납부영수증을 분실한 경우에도 취득세 등은 취득가액에 포함되니 반드시 챙기기 바랍니다(지방자치단체에서 확인하는 납부증명원으로도 필요경비 처리가 가능합니다).

부동산 취득과 관련된 중개수수료, 취득등기를 위한 법무사수수료, 취득 관련 컨설팅비용은 취득가액에 포함됩니다. 중개수수료가 지방자치단체 조례 금액을 초과하는 경우에도 필요경비로 인정됩니다. 즉, 실제 지급한 금액을 모두 취득가액으로 인정해 주고 있습니다.

⑥ 사실 취득과 관련된 취득세, 중개수수료 등을 '취득가액'이 아닌 '필요경비'로 오해하여 신고하는 분들이 많습니다. '양도 시' 지출하는 중개수수료는 '필요경비'가 맞지만, 취득과 관련하여 지출한 비용은 '취득가액'에 가산하여 신고하는 것이 올바른 방법입니다.

물론 취득세 등을 '취득가액'으로 신고하는 경우와 '필요경비'로 신고하는 경우의 '양도차익'이 동일하기 때문에 별 문제가 되지는 않습니다.

1. 양도가액, 취득가액은 실거래가 기준으로 계산하여야 합니다.

2. 취득 시 계약서 등을 분실하여도 환산가액으로 취득가액을 인정받을 수 있습니다. 단, 세금이 적게 나온단 이유만으로 실제 취득가액을 무시하고 환산가액으로 신고하면 안 됩니다.

07
도배, 장판 비용도 경비로 인정되나요?

1. 자본적 지출

① 자본적 지출과 양도비용을 합쳐서 '필요경비'라고 하며, 양도소득세를 감소시키는 효과가 있습니다.

② '자본적 지출'이란 자산의 가치를 증가시키거나 내용 연수를 연장시키는 지출을 말합니다. 필요경비로 인정(양도소득세 감소 효과)되는 자본적 지출의 예시는 다음과 같습니다.

· 엘리베이터 또는 냉난방장치의 설치

· 섀시 교체, 난방시설 및 보일러 교체

· 거실 베란다 확장비용, 거실 및 방 확장공사비

· 아파트 시공단계에서 빌트인 방식으로 설치한 화장대와
  보조주방가구 설치비

· 기타 개량, 확장, 증설 등 유사한 성질의 것

③ '자본적 지출'의 반대되는 개념으로 '수익적 지출'이 있습니다.

'수익적 지출'이란 자산의 본래 기능을 유지하기 위해 지출한 비용으로 필요경비로 인정하지 않습니다(양도소득세 감소 효과 없음).

· 벽지, 장판 교체 비용

· 싱크대, 주방가구 교체 비용

· 외벽 도색, 옥상 방수 공사비, 하수도관 교체, **누수 파이프 교체**

· **타일·욕조·변기 교체**, 마루공사, 보일러 수리, 조명 교체

· 대출금 이자

2. 양도비용

① 양도비용은 자산을 양도하기 위하여 직접 지출한 비용을 말하며 다음과 같습니다.

· 양도소득세 신고서 및 계약서 작성 비용

· 공증비용, 인지대, 중개수수료

· 국민주택채권을 만기 전에 양도함으로써 발생하는 매각차손

즉, 양도소득세 신고수수료 및 중개수수료가 모두 필요경비로 공제됩니다.

② 종전에는 세금계산서, 계산서, 현금영수증, 신용카드매출전표를 수취한 내역에 대해서만 필요경비로 인정되었습니다. 그러나 세법의 개정으로 2018년 4월 1일 이후 양도분부터는, 위의 4종류의 법적 증빙서류가 아니어도 실제 지출 사실을 확인할 수 있는 금융거래 증명서류만 있어도 경비로 인정받을 수 있습니다.

3. 위의 설명은 '자본적 지출'과 '양도비용'을 구분하여 설명하였으나, 실무적으로는 전부 필요경비로 묶여서 한꺼번에 처리됩니다. 즉, 복잡하게 둘을 구분할 필요가 없습니다.

1. 취등록세 납부액, 부동산 중개수수료, 법무사수수료, 양도소득세 수수료 등
   이 모두 필요경비로 인정되며 양도소득세를 감소시킵니다. 반드시 영수증
   을 수취하기 바랍니다.

2. 확장, 섀시 교체 비용 등은 필요경비로 인정되므로 반드시 영수증을 수취해
   야 합니다.

3. 벽지 및 장판 교체 비용, 대출금 이자, 도색 비용은 안타깝게도 필요경비로
   인정되지 않습니다.

08 손해보고 팔아도 양도소득세 신고해야 하나요?

1. 양도차익(양도차손)

① 양도차익을 구하는 방식은 아래와 같습니다.

> (+) 실제 양도가액
>
> (-) 실제 취득가액
>
> (-) 자본적 지출(필요경비)
>
> (-) 양도비용(필요경비)
>
> ─────────────
>
> = 양도차익(양도차손)

② 양도차익이란 부동산을 양도가액에서 취득가액과 기타 비용을 공제하고 실제로 남은 금액입니다. 즉, 부동산 등을 양도하고 남은 '(세전)이익'을 말합니다.

예를 들어 부동산을 5억에 매입하였고, 올해 8억에 양도하였습니다. 그리고 매입할 당시 취득세 3천만원, 부동산수수료 1천만원, 양도 시 부동산수수료 1천만원이 사용되었습니다. 해당 부동산의 양도차익은 얼마일까요?

☞ 양도차익 = 양도가액(8억) - 매입가액(5억) - 각종 비용(5천만원) = 2.5억원

단, 양도차익은 양도소득세를 차감하기 전 금액입니다.

양도차익은 어려운 개념이 아니며, 직관적으로도 구할 수 있는 쉬운 개념입니다.

2. 양도차손이 발생하는 경우

① 급전이 필요하거나 다주택자를 피하기 위하여 급매를 하는 경우, 취득가액보다 양도가액이 적어 '양도차손'이 발생하는 경우도 있습니다. 즉, '손해'를 보는 경우입니다.

② 양도차손이 발생하는 경우, 이익이 없으므로 당연히 납부할 양도소득세도 없습니다. 이러한 경우에도 양도소득세를 신고하여야 할까요?

☞ 답은 YES입니다. 양도차손이 발생하는 경우라도 양도소득세 신고는 하여야 합니다.

③ 양도차손일 경우 납부할 양도소득세가 없으며, 불이행 시 가산세 규정도 없습니다. 하지만 양도가 속하는 다음해 5월 관할세무서에서 과세 자료 소명 안내를 받을 확률이 매우 높으며, 어차피 그때 소명 자료를 제출하여야 합니다.

실무상 양도 소명 안내 통지서는 양도일로부터 최소 6개월 이상 지난 다음에 받기 때문에 잘 기억이 나지 않아 양도차손 증명의 번거로움이 있습니다.

④ 양도차손을 신고하여야 하는 또 하나의 이유는, 양도차손은 양도차익과 상계할 수 있기 때문입니다.

예를 들어 김절세 씨는 1가구 2주택자(A, B 소유)입니다. 김절세 씨는 A주

택을 2019년 1월에 양도하였으며, 1억의 양도차익이 발생하여 이에 따른 양도소득세 2천만원을 납부합니다. 그러나 B주택은 2019년 10월에 급매처분으로 양도차손이 1억 발생하였습니다.

☞ 이러한 경우, 김절세 씨의 2019년도 양도차익은 (0)제로(양도차익 1억 - 양도차손 1억)가 되며, A주택 양도 시 이미 납부한 양도소득세 2천만원을 전액 환급받을 수 있습니다.

만약 양도차손이 발생한 부동산이 있는 경우, 같은 해에 양도차익이 발생하는 다른 부동산을 매각하면 양도소득세를 절감할 수 있습니다.

⑤ 단, 이때 주의하여야 할 사항이 있습니다.

비과세 대상 양도자산에서 발생한 양도차손은 차감할 수 없습니다.

예를 들어 김절세 씨는 1가구 2주택자(A, B 소유)입니다. 김절세 씨는 A주택을 2019년 1월에 양도하였으며, 1억의 양도차익이 발생하여 이에 따른 양도소득세를 납부합니다.

B주택은 1세대 1주택 비과세 요건이 충족되는 주택입니다. 2019년 10월 이를 처분하였으나, 급매 처분으로 양도차손이 2억 발생하였습니다.

☞ 이러한 경우, 김절세 씨는 A주택 양도차익 1억과 B주택 양도차손 2억을 통산할 수 없습니다. B주택이 비과세 대상 양도자산이기 때문입니다.

양도차익과 양도차손이 같은 해에 발생한 경우	
구분	합산 여부
양도차손 + 양도차익	합산 가능
비과세(양도차손)+ 양도차익	합산 불가능

⑥ 그렇다면 2018년도에 양도소득세를 1억 납부(양도차익5억)하였고, 2019년에 양도차손이 5억 발생한 경우, 2018년에 납부한 양도소득세 1억을 소급하여 환급받을 수 있을까요? 반대로 2018년도에 양도차손이 5억 발생하였으며, 2019년 양도차익이 5억이 발생하였다면 2019년도에 납부할 양도소득세가 없는 걸까요?

☞ 답은 NO입니다. 앞에서 설명하였듯이, 양도소득세는 1월 1일부터 12월 31일까지 부동산 등을 양도한 금액을 합산합니다. 양도차손은 이월되거나 소급되지 않습니다. 즉, 매년 리셋되기 때문에 다음 연도나 과거 연도에 영향을 미치지 않습니다.

▶▶ **오늘의 세금 상식** ◀◀

1. 양도차손이 발생하는 경우(즉, 손해를 보는 경우)에도 양도소득세를 신고하여야 합니다.

2. 양도차손은 같은 해에 발생한 양도차익과 합산할 수 있습니다. 즉, 양도차손이 발생한 해에 양도차익이 예상되는 다른 부동산을 양도하면 양도소득세를 절감할 수 있습니다.

09
이제는 거주까지 하여야 합니다
― 장기보유특별공제

1. 장기보유특별공제

① 장기보유특별공제란 부동산을 3년 이상 보유한 경우, 양도소득금액
의 일정 비율을 공제해 주는 제도입니다. 당연히 보유기간이 길수록 더 많
은 금액을 공제하여 줍니다.

부동산 양도소득세의 경우, 오랫동안 실현되지 않다가 어느 시점 한꺼번
에 수익이 실현되는 특징으로 인하여 거액의 소득금액이 발생하기 때문에,
장기보유특별공제로 이를 완화해 주는 것입니다.

② 장기보유특별공제는 1세대 1주택과 1세대 1주택 외 부동산으로 나누
어 다음과 같이 공제합니다.

③ 아래의 표를 보면, '1세대 1주택'은 매년 8%씩 10년 이상 보유할 경우
최대 80%까지 가능하며, '그 외 부동산'은 매년 2%씩 15년 이상 보유할 경
우 최대 30%까지 가능합니다.

보유기간	1세대 1주택 주택 공제율	보유기간	그 외 부동산 공제율
3년 이상 4년 미만	24%	3년 이상 4년 미만	6%
4년 이상 5년 미만	32%	4년 이상 5년 미만	8%
5년 이상 6년 미만	40%	5년 이상 6년 미만	10%
6년 이상 7년 미만	48%	6년 이상 7년 미만	12%
7년 이상 8년 미만	56%	7년 이상 8년 미만	14%
8년 이상 9년 미만	64%	8년 이상 9년 미만	16%
9년 이상 10년 미만	72%	9년 이상 10년 미만	18%
10년 이상	80%	10년 이상 11년 미만	20%
		11년 이상 12년 미만	22%
		12년 이상 13년 미만	24%
		13년 이상 14면 미만	26%
		14년 이상 15년 미만	28%
		15년 이상	30%

④ 예를 들어 김절세 씨가 3억에 매입한 주택을 5억에 매각하여 2억의 양도차익이 발생한 경우, 장기보유특별공제율(0%, 30%, 80%)에 따라 양도소득세의 변이는 다음 표와 같습니다(기본세율 적용 시).

공제율	0%	30%	80%
양도차익	200,000,000	200,000,000	200,000,000
장기보유특별공제	-	(60,000,000)	(160,000,000)
양도소득기본공제	(2,500,000)	(2,500,000)	(2,500,000)
양도소득과세표준	197,500,000	137,500,000	37,500,000
산출세액	55,650,000	33,225,000	4,545,000

장기보유특별공제를 받지 못할 경우(0%)와 80%를 받았을 경우를 비교하면 양도소득세가 10배 이상 차이 나며, 양도차익이 크거나 중과세일 경우 그 차이는 더 벌어지게 됩니다. 즉, 장기보유특별공제는 납세자에게 어마어마한 혜택이며, 단 1%의 차이가 큰 금액일 수 있습니다.

실무적으로 9억 이상의 고가 아파트라고 할지라도 10년 이상 보유, 80%의 장기보유특별공제를 모두 받으면 실제로 납부하는 세금은 얼마 되지 않습니다. 그래서 똘똘한 한 채를 보유하려는 경향이 강하게 나타나고 있습니다.

2. 2018년 4월 1일부터 2주택 이상의 '다주택' 보유 세대가 '조정대상지역' 이상의 주택을 양도할 경우에는 장기보유특별공제를 받을 수 없습니다.

조정지역 다주택자는 '양도소득세 중과세율'과 '장기보유특별공제 미적용'으로 인하여 양도소득세가 비약적으로 증가하였습니다.

이로 인하여 부동산 거래 절벽 사태가 되었으며, 차라리 증여가 세금 부담이 적기 때문에 양도보다는 증여가 대세가 되었습니다. 이에 정부는 이를 막기 위하여 증여로 인한 취득세율을 12%로 대폭 상승시키는 등 정부와 다주택자 간의 숨바꼭질이 계속되고 있는 현실입니다.

▰▶ 「높아진 취득세, 모르면 손해」편(17쪽) 참조

3. 2020.01.01 이후 양도분부터 9억 이상의 고가 주택이 1세대 1주택 장기보유특별공제를 적용받기 위해서는, 조정대상지역 여부를 불문하고 보유기간 중 거주기간이 2년 이상이어야 합니다.

만약 2년의 거주 요건을 충족하지 못한다면, 1세대 1주택 장기보유특별공제(최대 80%)를 받을 수 없으며, 그 외 부동산으로 분류되어 최대 30%까지만 받을 수 있습니다.

② 2년 이상 거주자에 한해 1세대 1주택자 장기보유특별공제 적용

☐ '18년 9.13대책에 따라, 양도하는 주택에 **2년 이상 거주한 경우에만**
1주택자 장기보유특별공제(최대 80%) 적용-('20.1.1 시행)[1]

4. 그런데, 2021년 1월 1일 이후 양도분부터 장기보유특별공제 규정이
또다시 개정(?)되었습니다. 정말 너무합니다.[2]

현행		개정안			
보유기간	공제율	보유기간	공제율	거주기간	공제율
3년 이상 4년 미만	24%	3년 이상 4년 미만	12%	2년 이상 3년 미만 (보유기간 3년 이상에 한함)	8%
				3년 이상 4년 미만	12%
4년 이상 5년 미만	32%	4년 이상 5년 미만	16%	4년 이상 5년 미만	16%
5년 이상 6년 미만	40%	5년 이상 6년 미만	20%	5년 이상 6년 미만	20%
6년 이상 7년 미만	48%	6년 이상 7년 미만	24%	6년 이상 7년 미만	24%
7년 이상 8년 미만	56%	7년 이상 8년 미만	28%	7년 이상 8년 미만	28%
8년 이상 9년 미만	64%	8년 이상 9년 미만	32%	8년 이상 9년 미만	32%
9년 이상 10년 미만	72%	9년 이상 10년 미만	36%	9년 이상 10년 미만	36%
10년 이상	80%	10년 이상	40%	10년 이상	40%

---

1) 주택시장 안정대책(관계부처 합동, 2018.09.13) 참조
2) 주택시장 안정화 방안(관계부처 합동, 2019.12.16) 참조

위의 개정안을 보면, 장기보유특별공제율을 ①보유기간과 ②거주기간으로 구분합니다. 그리고 보유기간별 공제율과 거주기간별 공제율을 합산하여 장기보유특별공제율을 적용합니다.

이전까지 1세대 1주택자의 경우, 3년 이상 보유 및 2년 이상 거주한 경우 연 8%의 장기보유특별공제를 받을 수 있었습니다. 그러나 세법 개정으로 2021년 1월 1일 이후 양도하는 1세대 1주택 공제율은, 보유기간과 거주기간을 각각 구분하여 연 4%의 공제율을 적용받도록 개정되었습니다.

예를 들어 보유기간 5년, 거주기간 3년의 주택을 매도한다면 장기보유특별공제는 어느 정도 받을 수 있을까요?

☞ 법 개정 전에는 40%(5년 × 8%)의 장기보유특별공제를 받을 수 있었으나, 법 개정 후에는 ① 보유기간 공제율 20%(5년 × 4%)와 ② 거주기간 공제율 12%(3년 × 4%)를 합하여 총 32%로 감소하게 됩니다.

법 개정 전에는 10년 이상 보유하면(2년 이상 거주) 80%의 공제를 받았으나, 법 개정 후에는 10년 이상 보유 및 10년 이상 거주를 하여야 80%의 공제를 받을 수 있습니다.

1. 부동산 등은 3년 이상 보유하면 장기보유특별공제를 받을 수 있습니다.

2. 단, 2주택 이상의 다주택자가 조정지역 이상의 주택을 양도하는 경우, 장기 보유특별공제를 받을 수 없습니다.

3. 고가 주택(9억 이상)의 경우, 2020년 양도분부터 1세대 1주택 장기보유특별 공제를 받기 위해서는 2년 거주 요건이 추가됩니다.

4. 2021년 양도분부터 ①보유기간별 공제율과 ②거주기간별 공제율을 합산 하여 장기보유특별공제를 적용합니다.
   장기보유특별공제도, 이제는 보유뿐만 아니라 거주까지 하여야 높은 공제 율을 적용받을 수 있습니다.
   세법이 개정될 때마다 각종 공제를 받기가 까다로워지고 있습니다.

ps. 장기보유특별공제 요건이 1년이 멀다하고 계속 바뀌고 있습니다. 공 제율이 감소하고, 공제를 받기 힘든 방향으로 바뀌고 있습니다.

세법 정책이 장기적인 큰 틀에 의해 움직이는 것이 아니고, 그냥 생각날 때마다 감정적으로 바뀌는 느낌입니다. 무슨 정책이 시행된 지 1년도 안 돼 서 다시 바뀌는지 이해가 되지 않습니다. 세법을 개정할 때에는 최소 5년은 바라보고 개정해야 하지 않을까요?

10
1년에 한 번만 받을 수 있습니다
― 양도소득 기본 공제

1. 양도소득 기본 공제

① 양도소득 기본 공제는 인(人)당 年 250만원을 공제해 주는 제도입니다.

② 양도소득 기본 공제는 보유기간에 상관없이 1년에 한 번만 250만원을 공제해 줍니다.

③ 1년 안에 여러 개의 부동산을 양도한 경우에는, 한 번만 양도소득 기본 공제를 받을 수 있습니다. 양도자 마음대로 받을 수 없으며, 제일 먼저 양도한 자산에서 우선 공제하여야 합니다.

④ 양도소득 기본 공제는 인적 공제이므로 인당 250만원입니다. 즉, 부부 공동명의를 하면 각자 250만원씩 받을 수 있으므로, 소액이지만 단독 명의보다 세금 측면에서 유리합니다.

11
다주택자는 비조정지역 주택부터 양도해야 합니다
조정지역 VS 비조정지역

1. 양도소득 과세표준

양도차익에서 장기보유특별공제와 양도소득 기본 공제를 차감한 금액입니다.

```
   =  양도차익(양도차손)
  (-) 장기보유특별공제
  (-) 양도소득기본공제 ─────────▶ 연간 1회 250만원
   =  양도소득과세표준
```

2. 세율

과세표준에서 세율을 곱하여 양도소득 산출세액을 계산합니다.

```
   =  양도소득과세표준
  (x) 세율
   =  양도소득산출세액
  (-) 감면세액
   =  자진 납부할 세액
```

① 기본세율

양도소득세의 기본세율은 다음과 같습니다. 기본세율은 2년 이상 보유 후 양도 시 적용되는 가장 일반적인 세율이며, 납세자 입장에서는 비과세 다음으로 세 부담 측면에서 유리한 세율입니다.

소득세 과세표준 및 세율(2021년부터)		
과세표준	세율	누진공제
1,200만원 이하	6.0%	-
1,200만원 초과 4,600만원 이하	15.0%	108
4,600만원 초과 8,800만원 이하	24.0%	522
8,800만원 초과 1.5억원 이하	35.0%	1,490
1.5억원 초과 3억원 이하	38.0%	1,940
3억원 초과 5억원 이하	40.0%	2,540
5억원 초과 10억원 이하	42.0%	3,540
10억원 초과	45.0%	6,540

② 보유기간별 세율

아래의 표는 부동산 보유기간별 양도소득세율입니다. 상당히 복잡하지만, 최대한 쉽게 설명 드리겠습니다.

보유기간	현행		2021.06.01 이후		
	주택, 입주권	그외 부동산	주택, 입주권	분양권	그 외 부동산
2년 이상	기본세율(6% ~ 45%)		기본세율	60%	기본세율
1년 ~ 2년 미만	기본세율	40%	60%		40%
1년 미만	40%	50%	70%		50%

[현행 규정]

㉠ 일단 부동산 등을 2년 이상 보유한 경우, 기본세율을 적용합니다. 기본세율은 6 ~ 45%까지 누진과세입니다(위의 기본세율표 참조).

투자자들은 1세대 1주택 비과세를 받을 수 없다면, 되도록 기본세율을 적용받도록 양도시기를 결정하여야 합니다.

㉡ 주택과 (조합원)입주권(이하 '주택 등')은 양도소득세율이 같습니다. 그리고 '주택 등'은 다른 부동산보다 약간 세율이 낮습니다. 주택은 필수재 성격이 강하다고 판단하여 세제상 다른 부동산보다 약간의 혜택을 주고 있습니다.

즉, 1년 미만 보유 시 다른 부동산은 50%의 (높은) 단일세율로 과세하지만 '주택 등'은 40%로 과세합니다. 1년 이상 ~ 2년 미만 보유 시 다른 부동산은 40%로 과세하지만, '주택 등'은 기본세율로 과세합니다.

[개정 규정]

2020.7.10 대책으로 단기성 주택 등과 분양권에 대한 양도소득세율이 강화되었습니다. 해당 규정은 2021.6.1 이후 양도분부터 적용됩니다

㉠ 이전의 양도소득세율은 '주택 등'에 대하여 세율을 낮게 적용했으나, 이번 개정으로 '주택 등'과 '분양권'을 투기자산으로 분류하여 오히려 양도소득세율이 다른 부동산보다 높게 적용됩니다.

㉡ 1년 미만 보유 시 다른 부동산은 50%의 단일세율을 적용하지만, '주택 등'과 '분양권'에 대하여는 70%의 단일세율을 적용합니다. 1년 이상 ~ 2년 미만 보유 시 다른 부동산은 40%로 과세하지만, '주택 등'과 '분양권'에 대하여는 60%의 단일세율을 적용합니다.

㉢ 2년 이상 보유한 부동산에 대하여는 기본세율을 적용하지만, '분양

권'에 대하여는 2년 이상 보유하는 경우에도 60%를 적용합니다. 비록 2년 이상 보유한다 할지라도 분양권은 투기자산으로 보고 60%의 중과세율을 적용하는 것입니다.

단기성 투기자산의 이익을 모두 환수하겠다는 정부의 강한 의지가 세법 조문으로 실현된 것입니다.

③ 조정지역 중과세율

양도하고자 하는 부동산이 조정지역에 위치하는 경우, 다음과 같이 양도소득세율을 중과하고 있습니다. 2020.7.10 대책으로 단기성 투기자산뿐만 아니라, 조정지역 중과세율도 강화되었습니다.

조정지역 중과 규정	현행	2021.06.01 이후
조정지역 내 1세대 2주택	기본세율 + 10%	기본세율 + 20%
조정지역 내 1세대 3주택	기본세율 + 20%	기본세율 + 30%
조정지역 내 분양권	50%(보유기간 무관)	보유기간에 따라 60~70%

㉠ 2주택 소유자가 조정지역 내 주택을 양도하는 경우에는 '기본세율 + 10%'에서 '기본세율 + 20%'로 강화되었습니다.

㉡ 3주택 이상 소유자가 조정지역 내 주택을 양도하는 경우 '기본세율 + 20%'에서 '기본세율 +30%'로 강화되었습니다.

㉢ 조정지역 내 분양권을 양도하는 자는 보유기간에 상관없이 50%의 중과세율을 적용하였으나, 위의 ②보유기간별 세율에서 살펴보았듯이 분양권은 조정지역 여부와 상관없이 60 ~ 70%의 세율이 적용됩니다.

3. 주택의 처분 순서

다주택자 중과 규정으로 주택의 처분 순서에 따라 양도소득세가 달라지기 때문에 다주택자의 경우, 주택의 처분 순서는 매우 중요합니다. 다음의 순서대로 처분할 경우, 양도소득세의 최대 절세 효과가 있습니다.

① 조정지역 외 주택을 최우선적으로 양도합니다(중과세율 적용 X, 장기보유특별공제 가능).

② 조정지역 내 주택의 경우에는 중과세가 배제되는 주택을 먼저 양도합니다(예를 들어 입주권, 소형 주택 등).

③ 조정대상 지역 중 양도차익이 가장 작은 주택을 양도합니다.

1. 양도소득세 기본세율은 누진과세입니다. 양도소득과세표준이 1억일 경우 양도소득세가 약 2,200만원 정도 되고, 양도소득과세표준이 5천만원일 경우 약 700만원 정도 됩니다(지방소득세 10% 포함). 이 정도 숫자는 상식적으로 알아두면 좋습니다.

2. 2020.7.10 대책으로 이제는 주택을 2년 미만 보유하고 양도 시 최소 60% 이상의 단일세율을 적용받게 됩니다. 2년 이상 보유 시 기본세율(6%~45%)을 적용받을 수 있으므로 반드시 2년 이상 보유하기 바랍니다.

3. 1세대 1주택 비과세를 받을 수 없다면 기본세율(6%~45%)을 적용받을 수 있도록 최대한 노력하여야 합니다.

4. 2주택 이상의 다주택자가 조정지역 내 주택을 양도하는 경우 중과세율이 적용되며, 장기보유특별공제를 받을 수 없습니다.

5. 반면에 조정지역 외 주택을 먼저 양도하는 경우에는 양도세 중과 대상이 아니며, 장기보유특별공제도 받을 수 있습니다.

즉, 주택 처분 순서에 따라 양도소득세가 달라질 수 있습니다.
조정지역 내 주택과 조정지역 외 주택을 동시에 소유하고 있는 다주택자는 조정지역 외 주택을 반드시 먼저 양도하여야 합니다.

ps. 혹시 '양포사'라는 말을 들어보셨나요?

'양도세를 포기하는 세무사(회계사)'를 지칭하는 말입니다.

그만큼 잦은 세법 개정으로 전문가들조차 이를 제대로 따라가지 못하는 실정입니다. 최근 서울 집값 상승으로 양도세를 조금이라도 잘못 계산하여 신고하는 경우에 가산세만 몇 천만원씩 나오고 있습니다. 위와 같은 리스크로 인하여 양도소득세 신고를 포기하는 전문가들이 늘어나고 있습니다.

ps. 이번 챕터에서는 양도소득세 일반과세와 조정지역 중과에 대하여 설명하였습니다.

위에서 설명한 내용 이외에도 임대사업주택이 있는 경우의 양도소득세나 1년에 2회 이상 양도하는 경우 양도차익을 합산하여 신고하는 방법, 비교산출세액 등 일반인이 이해하기 힘든 내용도 많습니다.

제가 이렇게 글을 쓰는 이유는, 일반인들이 복잡한 양도소득세를 직접 계산하여 신고하라는 취지가 아닙니다. 복잡한 양도소득세를 계산하는 것은 전문가의 영역입니다. 수수료 조금 아끼려고 직접 하다가 가산세만 몇 천씩 부과 받을 수 있습니다. 최근에는 대부분의 전문가들도 프로그램의 도움을 받고 있으며, 신고하기 전에 몇 번씩 검증 작업을 거칩니다.

전문가가 아닌 일반인들이 양도소득세를 공부하는 이유는, 양도소득세의 기본적인 내용을 이해하고 있어야 중대한 실수를 피할 수 있기 때문입니다. 또한 기본적인 내용을 이해하고 있어야 전문가가 필요한 시점을 적시에 알 수 있으며, 해당 전문가를 제대로 활용할 수 있기 때문입니다.

12
지방소득세 10% 추가납부해야 합니다

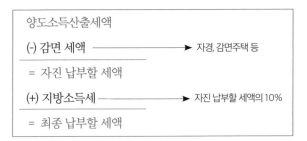

양도소득산출세액

(-) 감면 세액 ──────────▶ 자경, 감면주택 등
───────────
= 자진 납부할 세액

(+) 지방소득세 ──────────▶ 자진 납부할 세액의 10%
───────────
= 최종 납부할 세액

1. 감면 세액

자경 농지나 대토보상 등의 감면 규정이 있으나, 특별할 상황을 제외하고 실무적으로 적용되는 경우는 거의 없습니다.

2. 자진 납부할 세액

양도소득산출세액에서 감면세액을 차감하면 자진 납부할 세액이 됩니다.

3. 최종 납부할 세액

여기서 주의할 점은, 지방소득세를 자진 납부할 세액의 10%만큼 별도 추가 납부해야 한다는 것입니다.

즉, 양도소득과세표준이 1억일 경우 산출세액은 정확히 2,010만원(1억× 35% - 1,490만원)이지만, 지방소득세가 자진 납부할 세액의 10%인 201만원 추가되어, 최종 납부할 세액은 2,211만원(2,010만원+201만원)이 됩니다.

또한, 1건의 양도신고서에 대하여 납부서는 항상 2장씩입니다. 즉, '양도소득세 2,010만원 납부서'와 '지방소득세 201만원 납부서'가 별도이니 2장 모두 납부하여야 합니다.

과세표준	양도소득세율	지방소득세율	최종세율
1,200만원 이하	6%	0.6%	6.6%
1,200만원 초과 4,600만원 이하	15%	1.5%	16.5%
4,600만원 초과 8,800만원 이하	24%	2.4%	26.4%
8,800만원 초과 1억5천만원 이하	35%	3.5%	38.5%
1억5천만원 초과 3억원 이하	38%	3.8%	41.8%
3억원 초과 5억원 이하	40%	4.0%	44.0%
5억원 초과 10억원 이하	42%	4.2%	46.2%
10억원 초과	45%	4.5%	49.5%

감면 세액이 없다는 가정 하에, 결국 납세자가 부담하는 최종(실질)세율은 위의 표와 같이 양도소득세율에서 10%만큼 추가한 세율이 적용되는 것입니다.

4. 분납

납부할 양도소득세가 1천만원을 초과하는 경우에는 다음의 금액을 납부기한 후 2개월 이내 분납할 수 있습니다.

① 납부할 세액이 2천만원 이하인 경우 : 1천만원을 초과하는 금액

② 납부할 세액이 2천만원을 초과하는 경우 : 그 세액의 50% 이하의 금액

예를 들어 납부하여야 할 양도소득세가 1억인 경우, 5천만원씩 분납할 수 있습니다.

▶▶ 오늘의 세금 상식 ◀◀

1. 양도소득세 최종납부세액은 '양도소득세 산출세액 + 지방소득세 10%'입니다. 즉, 1건의 양도에 대하여 양도소득세 납부서와 지방소득세 납부서 총 2장을 각각 납부하여야 합니다.

2. 양도소득세가 1천만원이 넘는 경우, 분납도 가능합니다.

제4장

부동산 세금,
추가로 절세하는 방법

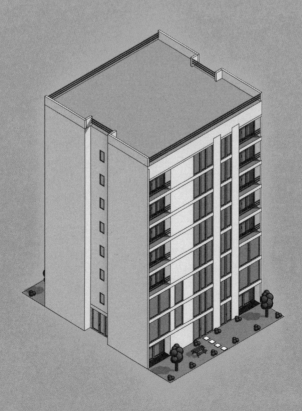

01
고액 부동산일수록 공동명의 하여야 한다?
― 종합부동산세

요즈음 맞벌이 부부도 증가하고, 결혼비용 부담에 대한 인식이 바뀌면서 부부가 공동명의로 하는 경우가 많아졌습니다. 그리고 공동명의가 단독명의에 비해 절세에 도움이 많이 된다고 합니다. 정말로 공동명의로 하면 절세에 도움이 될까요?

이번 챕터에서는 단독명의와 공동명의의 경우를 비교하여, 조세 부담 측면에서 어떤 차이가 있는지 살펴보겠습니다.

1. 부동산과 세금

부동산 세금은 크게 부동산의 취득, 보유(운용), 양도, 이렇게 세 단계에 걸쳐서 발생합니다.

부동산 구분	관련 세금
취득 시	취득세
보유 시	재산세 종합부동산세
운용 시	(임대소득)종합소득세
처분 시	양도소득세

취득 시 대표적인 세금이 취득세이며, 부동산 보유 시에는 재산세와 종합부동산세를 납부하여야 하며, 부동산을 양도하는 경우에는 양도소득세를 납부하여야 합니다.

그리고 부동산을 운용하는

과정에서 임대소득이 발생하는 경우, 종합소득세를 납부하게 됩니다.

그럼 각 단계마다 부부가 공동명의로 하는 경우, 세금이 어떻게 달라지는지 살펴보겠습니다.

2. 취득 시

취득세는 부동산 가격에 의하여 납부하는 것이므로 일반적으로 공동명의와 단독명의의 차이가 없습니다.

단, 단독명의로 등록하였다가 공동명의로 전환하는 경우에는 취득세가 다시 발생합니다. 그러므로 취득 단계부터 공동명의로 할지 단독명의로 할지를 미리 결정하여야 합니다.

3. 보유 시

① 재산세

재산세는 해당 부동산의 기준시가를 기준으로 부과하기 때문에 전체 금액이 정해져 있으며, 명의자별 지분 비율대로 안분하여 부과됩니다.

예를 들어 재산세가 100만원인 경우, 단독명의는 혼자서 100만원을 부담하고, 5:5 공동명의일 경우에는 각각 50만원씩 부담하므로 공동명의와 단독명의간의 재산세 차이는 없습니다.

② 종합부동산세

㉠ 종합부동산세는 재산세와 더불어 대표적인 부동산 보유세입니다. 재산세는 거의 모든 부동산에 대하여 부과되지만, 종합부동산세는 일정 금액(공시지가 6억 또는 9억)이 넘는 고액의 부동산에 한하여 부과되는 세금입니

다. 그래서 흔히 '부자세'라고도 합니다.

ⓒ 종합부동산세의 공제한도는 인당 6억이며, 1세대 1주택자일 경우에 한하여 9억까지 공제가 가능합니다. 여기서 1세대 1주택자는 단독명의일 경우에만 해당합니다.

ⓒ 1세대가 1주택만 보유하고 있다면, 종합부동산세는 단독명의일 경우 기준시가 9억이 공제되고, 부부공동명의는 12억이 공제(인별로 6억씩 공제)되기 때문에 공동명의가 유리합니다.

예를 들어 공시지가 12억인 주택의 경우, 단독명의의 경우에는 9억을 공제받고 3억에 대하여 종합부동산세를 부담하지만, 공동명의일 경우에는 각각 6억을 공제받아 종합부동산세 납부 대상이 아닙니다.

단, 공동명의로 할 경우에는 고령자 공제 및 장기보유 공제를 배제합니다.

고령자 공제와 장기보유 공제를 최대로 받을 경우 2020년 기준 70%까지 공제를 받을 수 있으며, 2021년부터는 80%까지 확대할 예정입니다.[1]

고령자 공제			장기보유 공제(현행 유지)		공제 한도
연령	공제율		보유기간	공제율	
	현행	개정			
60~65세	10%	20%	5~10년	20%	
65~70세	20%	30%	10~15년	40%	70%→80%
70세 이상	30%	40%	15년 이상	50%	

즉, 1주택의 경우 일반적으로 공동명의가 유리하지만, 고령자 공제와 장기보유 공제를 많이 받는 분이라면 단독명의가 유리할 수 있습니다.

ⓔ 다주택자의 경우 개인별로 기준시가 6억 초과 시 종합부동산세가 과

1) 2020년 세법새정안(기획재정부, 2020.07.22) 참조

세됩니다.

예를 들어 주택 A(기준시가 5억)와 주택 B(기준시가 5억)가 있습니다. 주택 A, B를 단독명의로 1인이 모두 소유하고 있다면 기준시가 합계가 10억으로 6억을 초과하기 때문에 종합부동산세를 납부해야 합니다.

반면에 주택 A, B를 공동명의로 보유하고 있다면, 개인별 기준시가 합계액이 5억으로 6억 이하이기 때문에 종합부동산세 부과대상이 아닙니다.

다만 공동명의로 하는 경우, 해당 명의자 소수 지분의 경우에도 종합부동산세 계산 시 주택 수에 포함됩니다. 예를 들어 A주택, B주택의 지분을 부부가 각각 50%씩 보유하고 있는 경우, 남편도 2주택자(A 50%, B 50%)가 되며, 배우자도 2주택자(A 50%, B 50%)가 됩니다.

종합부동산세는 아래의 표와 같이 2021년부터 3주택 이상 또는 조정대상지역 2주택 이상[2]일 경우에는 세율이 대폭 증가합니다. 공동명의로 인한 주택 수(數) 증가로 종합부동산세를 중과 받는 일이 없도록 주의하여야 합니다.

| 과세표준 | 2주택 이하 | | | 3주택 이상, 조정대상지역 2주택 | | |
| | 현행 | 개정 | | 현행 | 개정 | |
		개인	법인		개인	법인
3억원 이하	0.5%	0.6	3%	0.6%	1.2	6%
3~6억원	0.7%	0.8		0.9%	1.6	
6~12억원	1.0%	1.2		1.3%	2.2	
12~50억원	1.4%	1.6		1.8%	3.6	
50~94억원	2.0%	2.2		2.5%	5.0	
94억원 초과	2.7%	3.0		3.2%	6.0	

2) 주택시장 안정 보완대책(관계부처 합동, 2020.07.10) 참조

ⓜ 종합부동산세의 경우, 일반적으로는 공동명의가 유리하지만 반드시 그렇지는 않습니다. 고령자 공제와 장기보유 공제, 다주택자 중과 여부 등을 고려하여 신중하게 결정하여야 합니다.[3]

▶▶ 오늘의 세금 상식 ◀◀

1. 공동명의로 하느냐 단독명의로 하느냐는 등기 시(취득 시)에 결정해야 합니다. 단독명의를 공동명의로 변경하는 경우 취득세를 다시 납부하여야 하므로, 최초 등기 시 신중하게 명의 결정을 하여야 합니다.

2. 종합부동산세는 1주택일 경우 기준시가 9억, 2주택 이상일 경우 6억 이상일 경우 부과됩니다. 종합부동산세 부과 기준은 알고 있는 것이 좋습니다.

3. 상대적으로 고가인 주택에 부과되는 종합부동산세는 항상 공동명의가 유리한 것은 아닙니다. 고령자 공제, 장기보유 공제를 많이 받거나, 3주택 이상(조정지역 2주택)인 분들은 단독명의가 유리할 수도 있습니다.

---

3) 2020년 세법개정안 국회 기획재정위원회 의결(기획재정부, 2020.11.30.)에 따라 부부 공동명의 1세대 1주택 종합부동산세에 대한 특례가 다음과 같이 신설되었습니다.
[종합부동산세법 제10조의 2] 공동명의 1주택자의 납세의무 등에 관한 특례
 - 부부 공동명의 1주택자에 대해 1주택자로 신고 허용
   • 기본공제 : 9억원
   • 고령자 및 장기 보유 공제 적용
   • 부부 공동명의 1세대 1주택에 대한 세부담 완화
   • '21년도 종합부동산세 부과분부터 적용

02
공동명의의 꽃 — 양도소득세

앞 챕터에서는 부동산 취득과 보유 시 공동명의 세금 효과에 대하여 살펴보았습니다. 이번 챕터에서는 '공동명의의 꽃'이라고 불리는 양도소득세에 대하여 알아보겠습니다.

1. 처분 시

① 양도소득세

양도소득세는 누진세율 구조이며, 양도차익이 클수록 세율도 높아집니다. 양도소득세는 개인별 과세이기 때문에 공동명의가 확실히 유리합니다. 공동명의로 인하여 절세 효과가 가장 큰 세금이기 때문에 '공동명의의 꽃'이라고 부릅니다.

[문제] 양도가액 5억, 취득가액 3억, 보유기간 5년인 주택을 양도하였을 경우, 단독명의인 경우와 부부 공동명의(각각 50%)인 경우의 양도소득세 부담액을 구하시오. 단, 해당 주택은 1세대 1주택 비과세 대상이 아니며, 일반세율 적용 대상입니다.

☞ 양도소득세는 개인별 과세되기 때문에, 공동명의일 경우 양도가액과 취득가액을 1/2씩 적용하여 각각 구하여야 합니다. 즉, 총 양도가액 5억

을 남편 2.5억, 배우자 2.5억으로 나누어야 하며, 취득가액도 마찬가지입니다.

그리고 기본공제도 인별로 250만원이므로 남편과 배우자 모두 공제받을 수 있습니다.

구분	단독명의	공동명의		세 부담 차이
	남편	남편	배우자	(단독명의-공동명의)
(+) 양도가액	500,000,000	250,000,000	250,000,000	
(-) 취득가액	(300,000,000)	(150,000,000)	(150,000,000)	
양도차익	200,000,000	100,000,000	100,000,000	5년 이상 10% 적용
장기보유특별공제	(20,000,000)	(10,000,000)	(10,000,000)	
기본공제	(2,500,000)	(2,500,000)	(2,500,000)	
양도세과세표준	177,500,000	87,500,000	87,500,000	
세율	38%	24%	24%	
산출세액	48,050,000	15,780,000	15,780,000	
지방소득세	4,805,000	1,578,000	1,578,000	
양도세총부담세액	52,855,000	17,358,000 / 34,716,000	17,358,000	18,139,000

위의 표를 보면, 양도차익이 2억 정도일 경우, 공동명의(남편 50%, 배우자 50%)인 편이 단독명의인 것보다 약 1,800만원 정도 절세되는 것을 알 수 있습니다. 양도차익이 많을수록 공동명의로 인한 양도소득세 절세 효과는 더욱 커집니다. 그러나 1세대 1주택 비과세일 경우에는 어차피 세부담액이 없으므로 공동명의와 단독명의의 차이가 없습니다.

2. 운용 시

① 주택임대소득에 대한 종합소득세

㉠ 주택임대소득의 경우에는 개인별 총수입금액이 2천만원을 초과할 경우 종합과세가 되고, 2천만원 이하일 경우에는 분리과세 선택이 가능합니다.[4] 일반적으로 종합과세 되는 경우가 분리과세 되는 경우보다 더 많은 세금을 납부하여야 합니다.

㉡ (주택임대)소득세가 종합과세 될 경우, 양도소득세처럼 개인별 과세이며 누진세율 구조입니다. 양도소득세와 마찬가지로 공동명의가 확실히 세 부담 측면에서 유리합니다.

㉢ 공동명의를 활용하여 주택임대소득을 개인별로 2천만원 이하로 낮추어 분리과세를 적용받을 수도 있습니다.

예를 들어 주택임대소득이 월세 250만원으로 연간 수입금액이 3천만원일 경우, 단독명의 시에는 총수입금액이 2천만원 초과로 종합과세를 피할수 없습니다. 반면에 공동명의일 경우에는 각각 1천500만원으로 종합과세가 아닌 분리과세를 적용받을 수 있으며, 상대적으로 낮은 세금을 부담하며 납세의무를 종결할 수 있습니다.

---

4) 종합과세되는 경우 누진세가 적용되고, 분리과세되는 경우 단일세율이 적용됩니다. 일반적으로 누진세율이 단일세율보다 더 많은 세금을 부담하므로, 납세자는 분리과세 받는 것이 세 부담 측면에서 유리합니다.

1. 공동명의로 인하여 가장 큰 절세 효과를 볼 수 있는 세금은 양도소득세입니다.

2. 1세대 1주택 비과세를 받을 수 없거나 거액의 양도차익이 예상되는 부동산의 경우, 공동명의로 하는 것이 확실히 유리합니다.

03
무조건 공동명의는
독이 될 수도 있습니다

공동명의가 장점이 많은 것은 사실이지만, 단점이 아예 없는 것은 아닙니다. 이번 챕터에서는 공동명의의 단점에 대하여 살펴보겠습니다.

1. 부부 공동명의의 가장 큰 단점은 자금 출처 조사 대상이 될 수도 있다는 것입니다.

특히 고가 주택을 공동명의로 하는 경우 증여세가 발생할 수 있습니다.

예를 들어 20억의 집을 각각 50%씩 부부 공동명의로 하는 경우, 10억을 배우자에게 증여하는 것과 같습니다. 배우자 증여재산공제는 10년간 6억이 한도입니다. 즉, 6억을 초과하는 4억에 대하여 증여세가 발생할 수도 있습니다.

물론 배우자가 소득이 충분하거나 자금 출처가 명확하다면 문제가 없지만, 소득이 없는 전업주부일 경우에는 조심해야 합니다.

2. 공동명의의 경우, 소유권 등의 권리도 공동으로 갖고 있습니다. 그러므로 부동산의 처분 및 권리행사를 함에 있어서 상대방의 동의가 반드시 있어야 합니다.

예를 들어 은행 대출을 위하여 담보 제공할 경우에도 공동명의인 동의가 필요하며, 단독으로는 재산권 행사를 할 수 없습니다.

3. 부부 중 한 사람이 소득이 없어 배우자의 피부양자로 등록되어 있다면, 주택임대소득이 있는 경우에는 지역가입자로 전환되어 건강보험료를 추가로 낼 수도 있으니 주의하여야 합니다.

▶ 「세금보다 건강보험료가 더 무서워요 - 주택임대소득과 건강보험료」 편(275쪽) 참조

예를 들어 사업자 남편과 전업주부 배우자가 있습니다. 배우자는 전업주부로 남편 밑에 피부양자로 있었는데, 이번에 주택임대사업자를 등록하면서 양도소득세 절감을 위하여 부부 공동명의로 하였습니다. 그리고 해당 주택에서 주택임대소득이 발생하여 종합소득세 신고를 하였습니다. 종합소득세 신고를 함으로써 전업주부인 배우자는 소득 능력이 있는 것으로 보아 피부양자 자격을 박탈당하며 '지역가입자'로 전환됩니다. 일단 지역가입자로 전환되면, 소득뿐 아니라 소유하고 있는 재산과 자동차 등 모든 재산을 고려하여 건강보험료가 부과됩니다.

2019년부터 2천만원 이하의 주택임대소득에 대하여 소득세가 부과되었으며, 2020년 5월에 2019년분 주택임대소득에 대한 종합소득세 신고를 하였습니다. 건강보험공단은 국세청에 신고된 종합소득세 신고 금액을 바탕으로 2020년 11월 무렵부터 건강보험료를 부과하고 있습니다.

따라서 부부 중 한 사람이 소득이 없어 건강보험료 피부양자로 등록되어 있다면, 공동명의로 인한 절세 효과(양도소득세, 주택임대 종합소득세 등)를 포기하고, 차라리 단독명의로 주택임대사업자를 하는 것이 더 나을 수도 있습니다.

1. 공동명의가 모든 세금에서 항상 유리한 것은 아닙니다.

2. 소득이 없는 배우자와 공동명의를 하는 경우, 자금 출처 조사가 나올 수도 있습니다.

3. 부부 공동명의로 주택임대소득이 발생하는 경우, 피부양자 자격이 상실되어 기존에 납부하지 않았던 건강보험료가 추가로 과세될 수 있습니다.

04
'재산분할'로 준다는데 받으면 되는 건가요?
— 이혼하면서 받기로 한 부동산

이번 챕터에서는 이혼 시 재산분할에 대하여 알아보겠습니다.

세무 전문이 무슨 이혼 문제냐고요? 제가 오늘 말씀드릴 부분은 이혼소송이나 자녀양육권 등 복잡한 법률 문제가 아니라, 순수하게 세법의 관점에서 이혼 시 재산분할에 대하여 설명하려고 합니다.

실제 이혼 시 해당 규정을 아느냐 모르느냐에 따라 분할 받는 재산이 몇천에서 몇 억을 오갈 수 있기 때문입니다.

1. 이혼 시 재산분할 방법

이혼 시 재산분할 방법은 크게 이혼 위자료와 재산분할 청구권의 2가지가 있습니다.

① 법률적 의미(자세히 몰라도 됩니다)

㉠ 이혼 위자료

이혼을 하게 된 것에 책임이 있는 유책배우자에게 이혼으로 인한 정신적 고통에 대한 배상을 청구하는 것입니다. 예를 들면, 남편이 가정폭력을 행사하거나 바람을 피워 이혼에 이르게 된 경우 등이 여기에 속합니다.

㉡ 재산분할 청구권

결혼생활 중에 취득한 재산을 분할하는 개념입니다. 단순 재산분할이며,

배상 개념이 아닙니다.

② 세무상 의미(부동산을 양도하였을 경우)

㉠ 이혼 위자료

이혼 위자료로 부동산 등을 이전하는 경우에는 배상금 등을 부동산으로 대물 변제한 것으로 보고 해당 행위는 '양도'가 됩니다. 추후 이혼 위자료로 받은 해당 부동산 등을 양도하는 경우, 이혼 시 취득일을 취득시기로 보아 양도차익을 계산합니다.

㉡ 재산분할 청구권

이혼 시 '재산분할 청구권'의 행사로 인하여 부동산 등을 이전하는 것은 부부 공동재산 단순 분할한 것이므로 '양도'로 보지 않습니다. 추후 재산분할 청구권으로 받은 부동산을 양도하는 경우에는 이혼 시 이월과세된 것으로 보아 이혼 전 배우자의 취득일을 취득시기로 봅니다.

	이혼 위자료	재산분할 청구권
세무상 행위	'양도'로 봄 ☞ 양도소득세 부담	'양도'가 아님 ☞ 양도소득세 없음
취득일	소유권이전등기접수일 (이혼 시 취득일)	당초 배우자의 해당 자산 취득일

위의 내용이 잘 이해가 안 되는 분은 다음 사례를 보면 이해하기 쉬울 겁니다.

2. 세무 상의 의미가 중요한 이유

이혼으로 받는 부동산의 성격이 이혼 위자료인지 재산분할 청구권인지에 따라 추후 부동산 양도 시 양도소득세 부담 주체가 달라집니다.

[사례] 남편 김절세 씨는 이혼 시 토지(취득가액 1억, 3년 보유)의 소유권을 배우자인 부인 전사치 씨에게 이전하였습니다. 전사치 씨는 그 토지를 7년간 보유한 후 5억에 양도하였습니다. 이혼 시 김절세 씨 토지의 소유권을 다음과 같은 방법으로 이전한 경우에 김절세 씨와 전사치 씨의 양도소득세는 어떻게 과세될까요?[5]

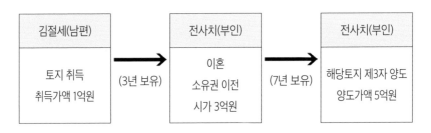

(1) 이혼 위자료로 3억 대신 토지를 이전한 경우

① 해당 행위는 위자료를 부동산으로 지급하였기 때문에 '양도'에 해당합니다. 김절세 씨(남편)가 양도차익 2억에 대하여 양도소득세를 부담하여야 합니다. 즉, 김절세 씨(남편)는 3억의 부동산도 전사치(부인) 씨에게 주고, 양도차익 2억에 대한 양도소득세까지 별도로 부담하여야 합니다.

② 이혼 위자료 3억 대신 토지를 이전한 경우, 해당 행위는 '양도'가 됩니다. 그러므로 전사치(부인) 씨는 해당 토지를 3억에 유상 취득한 것이 되며, 7년 후 전사치(부인) 씨가 해당 토지를 5억에 양도한 경우, 양도차익 2억(5억-3억)에 대한 양도소득세만 부담하면 됩니다. 즉, 본인(부인)이 보유한 기간(7년)에 대한 양도차익만 세금을 부담하면 됩니다.

---

5) 양도소득세 실무교안(이철재, 한국공인회계사회)

(2) 재산분할 청구권 행사로 3억의 토지를 이전한 경우

① 이는 세무상 '양도'로 보지 않으므로 김절세(남편) 씨는 세금 부담이 없습니다. 세무상 양도가 아니며, 단순 재산분할 이전이기 때문입니다.

② 7년 후 전사치(부인) 씨가 해당 토지를 5억에 양도한 경우, 전사치(부인) 씨의 취득가액은 김절세(전 남편) 씨의 취득가액인 1억이 되고, 전사치(부인) 씨는 양도차익 4억(5억-1억)에 대한 양도소득세를 모두 부담하여야 합니다.

즉, 김절세(전 남편) 씨 보유기간과 본인(부인)의 보유기간(10년=3년+7년) 동안 상승한 양도차익까지 모두 전사치(부인) 씨가 한꺼번에 세금을 부담하여야 합니다.

구분	이혼 시	추후 양도 시
이혼 위자료	남편이 부인에게 토지를 양도한 것으로 보아 남편에게 양도소득세 과세 양도차익 : 3억원 - 1억원 = 2억원	부인이 3억원에 취득하여 5억원에 양도한 것으로 봄 양도차익 : 5억원 - 3억원 = 2억원
재산분할 청구권 행사	양도로 보지 않음, 단순재산분할	부인이 1억원에 취득하여 5억원에 양도한 것으로 봄 양도차익 : 5억원 - 1억원 = 4억원

1. 이혼 시 배우자에게 부동산을 이전하는 경우에는 ① 이혼 위자료인지 ② 재산분할 청구권인지 명확히 하여야 합니다.

2. '이혼 위자료'로 받아야 할까요, '재산분할'로 받아야 할까요?
① 받는 입장에서는 '재산분할'로 받으면 안 됩니다. '재산분할'로 받으면 추후 해당 부동산을 양도 시 양도소득세 폭탄을 맞을 수도 있습니다. 반드시 '이혼 위자료'로 받아야 받은 부동산의 재산권을 100% 행사할 수 있습니다.
② 그렇다면 부동산을 주는 입장은 어떨까요? 당연히 '재산분할'로 주어야겠지요.

ps. 부부의 협력으로 이룩한 재산만 분할청구의 대상이므로 부부 일방의 특유재산은 원칙적으로 분할의 대상이 아니다(대법 92므501). 따라서 혼인 전에 단독으로 취득한 고유재산을 형식상 재산분할등기를 원인으로 소유권을 이전하는 경우에는 재산분할 청구권행사로 보지 아니한다(재일 46014-569).

05
고위공직자도 하는 양도와 증여의 절세스킬
— 부담부증여

이번 정부 초기 ○○부 장관 후보자 인사청문회 과정에서 중학생 딸이 8억이 넘는 건물을 증여받은 사실이 논란이 되었습니다. 중학생이 건물주라는 것도 놀랍지만 증여 과정에서 증여세를 납부하기 위해 중학생 딸이 2억이 넘는 자금을 부모님한테 차용하는 등 도덕적 논란과 동시에 본의 아니게 '부담부증여'가 대중에게 널리 알려지게 되었습니다.

제가 여기서 고위공직자의 도덕성 등을 논하자는 것이 아닙니다.

사실 부담부증여는 이전부터 부자들이 자녀에게 부동산을 이전하는 방식으로 널리 사용된 법입니다. 부담부증여는 절세 측면에서는 탁월한 방법으로, 세무 전문가들이 항상 추천하는 방식입니다.

1. 부담부증여란?

부담부증여란 채무를 부담하는 조건으로 특정한 자산을 증여하는 것을 말합니다. 즉, 부동산을 증여하면서 해당 부동산에 대한 은행차입금이나 임차보증금을 동시에 인수하는 것입니다.

2. 부담부증여의 과세

① 예를 들면, 부모가 자녀에게 상가에 대한 임차보증금 6억을 함께 인수하는 조건으로 10억의 상가를 증여하는 방식이 부담부증여입니다.

② 자녀 입장에서 보면, 증여받는 상가의 재산가액은 10억이지만 부채 6억을 동시에 인수하기 때문에 실제로 무상으로 증여받은 재산가액은 4억이 됩니다. 즉, 자녀는 4억에 대한 증여세를 납부해야 합니다. 그리고 자녀가 부채 6억을 인수하였기 때문에, 건물의 60%를 6억에 매수한 결과가 되는 겁니다.

③ 부모 입장에서는 10억의 상가 중에서 40%인 4억은 자녀에게 무상으로 증여하였으며, 6억의 부채가 감소하였기 때문에 해당 상가의 60%를 6억에 양도한 결과가 됩니다. 즉, 해당 부채 감소액 6억이 양도가액이 되어, 양도차익에 대하여 양도소득세를 부담하여야 합니다.

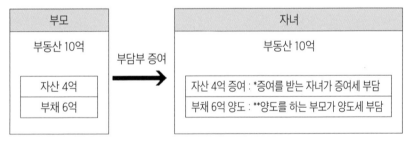

*자산가액 4억에 대한 증여세 발생
**부채가액 6억에 대한 양도세 발생

위의 사례처럼 부담부증여가 발생할 경우, 부모의 부동산 10억(자산 4억 + 부채 6억)이 자녀에게 그대로 이전(자산4억 + 부채 6억)됩니다.

④ 부담부증여의 경우에는 증여재산을 ㉠자산에 해당하는 부분과 ㉡부채에 해당하는 부분으로 나누어 ㉠자산에 해당하는 부분은 증여세를 ㉡부채에 해당하는 부분은 양도소득세를 과세합니다. 즉, 부담부증여는 증여세와 양도소득세가 항상 동시에 발생합니다.

06
10억 건물을 '부담부증여'하면 세금이 얼마나 줄어들까요?

자녀에게 부동산을 이전하는 경우 일반증여를 하는 경우보다 부담부증여를 하는 경우에 세금이 얼마나 줄어들까요?

[예시] 부모님의 상가 취득가액 5억, 보유기간 10년, 현재시가 10억, 임차보증금 6억인 경우 자녀에게 일반증여를 하는 경우와 부담부증여를 하는 경우의 세부담액을 구하시오.

1. 일반증여 ☞ 증여세만 발생함

① 증여세액

구분	일반증여
증여재산가액	10억
채무액	0원
증여재산공제	5천만원
증여세과세표준	9.5억
세율	30%(누진공제 0.6억)
증여세액	2.25억

10억 상가를 부채 없이 전부 자녀에게 증여하였을 경우, 증여재산가액은 10억이 됩니다. 증여재산 10억에서 자녀재산공제 5천만원을 공제하면, 증여세과세표준은 9.5억이 됩니다.

증여세과세표준 9.5억에서 해

당 산출세액 30%(누진공제액 6천만원)를 곱하면 납부할 증여세액은 2.25억 (9.5억 × 30% - 6천만원)이 됩니다.

참고로, 증여세율은 다음과 같습니다.

과세표준	세율	누진공제액
1억원 이하	10%	-
5억원 이하	20%	1,000만원
10억원 이하	30%	6,000만원
30억원 이하	40%	1억6천만원
30억원 초과	50%	4억6천만원

2. 부담부증여 ☞ '증여세액 + 양도소득세'가 동시에 발생함

부담부증여일 경우, 자산에 해당하는 부분은 증여세를 부담하고, 부채에 해당하는 부분은 양도소득세를 과세합니다.

즉, 부담부증여는 증여세와 양도소득세를 모두 고려하여야 합니다.

① 증여세액

임차보증금(채무액) 6억을 포함한 10억의 상가를 증여하면, 실제 증여재산가액은 4억이 됩니다. 증여재산가액 4억에서 자녀재산공제 5천만원을 공제하면, 증여세과세표준은 3.5억이 됩니다.

구분	부담부증여
증여재산가액	10억
채무액	6억
증여재산공제	5천만원
증여세과세표준	3.5억
세율	20%(누진공제 0.1억)
증여세액	0.6억

증여세과세표준 3.5억에 대한 산출세액 20%(누진공제액 1천만원)를 곱하면 납부할 증여세액은 6천만원(3.5억 × 20% - 1천만원)이 됩니다.

② 양도소득세

10억의 상가를 증여하면서 6억의 임차보증금(부채)을 동시에 이전시켰기 때문에 부모 입장에서는 건물의 60%를 6억에 양도한 결과와 같습니다. 부채감소액만큼이 양도가액(6억)이 되며, 전체 건물 취득가액(5억)에서 60%만큼만 해당 취득가액(3억=5억×60%)이 됩니다. 즉, 해당 양도에 대한 양도차익은 3억(양도가액 6억 - 취득가액 3억)이 됩니다.

양도차익 3억에서 10년 이상 장기보유특별공제율(양도차익의 20%)을 차감하면 양도세 과세표준은 2.4억이 됩니다. 양도세 과세표준 2.4억에 대하여 산출세율 38%(누진공제 1,940만원)를 곱하면, 양도소득세는 7,180만원(2.4억 × 38% - 1,940만원)이 되며, 지방소득세 718만원을 합하면 총 납부할 양도소득세는 7,898만원이 됩니다.

구분	금액	비고
(+) 양도가액	(+) 6억	부채인수액
(−) 취득가액	(−) 3억	5억 × 60%(부채인수비율)
양도차익	3억	(양도가액 - 취득가액)
장기보유특별공제	0.6억	10년 이상 양도차익의 20%
양도세과세표준	2.4억	양도차익 - 장기보유특별공제
세율	38%	누진공제 1,940만원
산출세액	7,180만원	
지방소득세	718만원	양도소득세 10%
양도세 총부담세액	7,898만원	양도소득세 + 지방소득세

3. 일반증여 VS 부담부증여

세목	일반증여	부담부증여	세금차이금액
증여세	2.25억	0.6억	
양도소득세	0	7,898만원	
합계	2.25억	1.39억	0.86억

① 위와 같이 일반증여보다 부담부증여의 경우가 전체 세금이 훨씬 줄어드는 것을 알 수 있습니다.(위의 산식을 전부 이해 못해도 큰 상관은 없습니다. 부담부증여의 기본 원리만 대략 이해하면 됩니다.)

② 만약 부모님의 부동산이 1세대 1주택으로 비과세인 경우라면 어떻게 될까요?

양도소득세는 제로(0)가 되며, 부담부증여의 전체 세금 부담은 더욱 감소할 것입니다. 즉, 양도소득세가 거의 나오지 않는 경우, 전세보증금 등의 부채를 늘려서 부담부증여를 실행하면 증여세가 감소하여 절세 효과를 극대화시킬 수 있습니다.

부담부증여는 양도와 증여를 동시에 활용하는 고도의 절세스킬임에는 분명한 듯합니다.

4. 부담부증여 시 주의 사항

① 부담부증여 시 인수하는 채무액은 해당 '증여재산에 담보'된 증여자의 채무에 한해 인정됩니다. 증여자의 일반적인 채무는 인정되지 않습니다.

임대보증금의 경우, 계약서 등으로 해당 증여재산에 담보된 채무임을 인정받을 수 있습니다. 금융기관 차입금의 경우, 일반적인 차입금은 인정되지 않으며, 해당 증여재산 담보 차입금임이 명확해야 인정받을 수 있습니다.

② 부담부증여를 한다는 것은 부채를 증여받는 자(자녀)가 실제로 부채를 인수하는 것입니다. 해당 부채를 증여자인 부모님이 대신 갚아주면 안 됩니다. 위의 예시라면 부채 6억을 무조건 자녀가 갚아야 하는 것입니다.

국세청에서는 부담부증여 시 증여받는 자가 인수한 부채에 대하여 사후 관리를 합니다. 증여를 받는 자가 실제로 부채를 상환하고 있는지 검증하고 있으며, 특히 미성년자의 경우에는 더욱 철저히 검증하고 있으니 주의해야 합니다. 자녀가 부채 상환이 어렵다면, 부담부증여를 다시 고려해 보아야 합니다.

자녀가 미성년자 등으로 부채를 부담할 능력이 없다면, 증여 부동산을 월세로 바꾸어 월세 수입으로 부채를 상환하는 방법 등을 고려해 볼 수 있습니다.

③ 상황에 따라서는 일반증여가 부담부증여보다 세 부담 측면에서 유리할 수도 있습니다. 특히, 최근 다주택자에 대한 징벌적인 양도소득세 강화로 인하여 증여세 절감액보다 양도소득세 증가액이 더 클 수 있으니 세 부담액을 비교하여 실행하기 바랍니다.

1. 부담부증여란 채무를 부담하는 조건으로 특정한 자산을 증여받는 것을 말합니다.

2. 부담부증여를 실행한 경우, 항상 증여세와 양도소득세가 동시에 발생합니다.

3. 일반적으로 부담부증여가 일반증여보다 세 부담 측면에서 유리합니다. 특히, 양도소득세가 줄어들수록 부담부증여의 절세 효과는 탁월합니다.

4. 부담부증여 시 인정되는 부채액은 '해당 증여재산에 담보'된 증여자의 채무에 한정됩니다. 증여자의 일반채무는 인정되지 않으니 주의해야 합니다.

5. 부담부증여로 인수한 부채는 증여받는 자가 반드시 상환하여야 합니다. 부모님이 대신 부채를 상환해 주면 안 됩니다. 증여받는 자가 미성년자 등으로 부채를 상환할 능력이 안 된다면, 증여 부동산을 월세로 돌려 부채를 상환하는 등 다른 방안을 강구하여야 합니다.

   실제로 미성년자에게 부담부증여를 하는 경우, 주택보다는 상가 증여가 훨씬 많습니다. 주택보다는 상가가 월세 수입이 용이하며, 해당 월세 수입을 부채 상환에 합법적으로 사용할 수 있기 때문입니다.

증여와 양도를 이용한 절세비법
― 증여 후 양도

최근 배우자 또는 자녀에게 부동산을 증여하는 경우가 제법 많습니다. 부동산을 증여하면 무엇을 해야 할까요? 먼저 증여세를 납부하여야 합니다. 그 다음엔 무엇을 해야 할까요? 증여세 납부 말고 더 해야 하는 게 있냐고요? 네, 그렇습니다. 증여한 부동산은 증여세만 납부한다고 끝나는 것이 아닙니다. 최소한 5년간 증여한 부동산을 관리하여야 합니다.

이번 챕터에서는 증여한 부동산을 최소 5년은 관리해야 하는 이유, '이월과세'에 대하여 설명하겠습니다.

1. '증여 후 양도'와 '이월과세'

① 남편이 2억에 취득한 주택이 있다고 합시다. 현재 해당 주택의 시가는 5억이며, 남편이 양도하는 경우 양도차익이 3억(5억 - 2억)입니다. 양도차익이 3억일 경우, 일반세율을 적용하면 양도소득세가 약 1억 정도 됩니다.

그런데 남편이 해당 주택을 양도하지 않고 배우자에게 증여합니다. 배우자간 증여는 10년 동안 6억까지 비과세이므로, 배우자는 증여세 없이 해당 부동산을 취득하며, 주택의 취득가액은 증여 당시 시가인 5억이 됩니다. 배우자가 증여를 받은 후 바로 5억에 양도를 합니다. 그렇다면 배우자의 양도소득세는 얼마일까요?

☞ 배우자는 주택의 양도가액이 5억, 취득가액도 5억이 되어 양도차익이 제로(0)입니다. 즉, 납부할 양도소득세가 전혀 없습니다. 이와 같은 방법을 흔히 '증여 후 양도'라고 부릅니다.

		남편이 양도시	배우자 증여 후 양도 시
아파트 취득가액 2억원 현재시가 5억원	(+) 양도가액	5억	5억
	(−) 취득가액	2억	5억
	(=) 양도차익	3억	0(제로)
	산출세액	1억	0(제로)

② 위와 같은 방법(이하 '증여 후 양도')을 과세당국이 무한정으로 허용한다면, 아마도 양도소득세를 낼 사람이 아무도 없을 것입니다.

'이월과세'는 위와 같은 가족 간 증여를 통한 양도소득세 회피를 막기 위해 도입된 제도입니다. 이월과세란 양도세를 계산할 때 취득가액을 '증여받은 사람이 증여받은 가액'이 아니라 '최초 증여자가 취득한 가액'으로 계산하도록 하는 것입니다.

위의 사례에서 취득가액을 증여받은 가액 5억이 아니라, 최초 증여자가 취득한 가액 2억으로 양도소득세를 계산하여 납부하여야 하는 것입니다. 즉, 이월과세가 적용되는 경우에는 양도차익이 3억(양도가액 5억 - 취득가액 2억)이 되고 배우자에게 증여한 결과가 모두 부인되는 효과가 있습니다.

'이월과세' 제도는 배우자 등에 대한 증여공제액 등을 활용하여 단기간에 타인에게 양도하여 양도소득세를 줄이는 행위를 방지하기 위한 제도입니다.

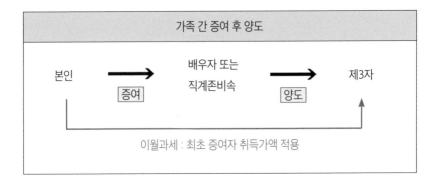

가족 간 증여 후 양도

본인 →(증여) 배우자 또는 직계존비속 →(양도) 제3자

이월과세 : 최초 증여자 취득가액 적용

2. 이월과세의 적용

① 이월과세 적용 대상은 부동산, 시설물이용권, 부동산을 취득할 수 있는 권리입니다.

얼마 전까지 프리미엄이 높은 분양권을 양도하면서 배우자에게 '증여 후 양도' 방법을 많이 사용하여 양도소득세를 회피하였습니다. 그러나 2019년도부터 이월과세 적용 대상에 부동산을 취득할 수 있는 권리(분양권 등)까지 확대되면서 현재는 분양권에 대하여 '증여 후 양도' 방법을 사용하지 못합니다.

② 증여하는 사람과 증여받는 사람이 모두 배우자 또는 직계존속(부모), 직계비속(자녀) 관계이어야 합니다. 즉, 가족 간의 증여 거래를 통한 양도세 회피를 막기 위한 제도입니다. 실무적으로 배우자 또는 직계존비속을 제외한 제3자에게 증여하는 경우는 거의 없습니다.

③ 증여받은 날로부터 5년 이내에 양도하는 경우에 한하여 이월과세를 적용합니다.

이월과세를 피하는 방법이 있을까요?

간단합니다. 증여받은 부동산을 5년 이후에 양도하면 됩니다. 증여 후 5

년 이후 양도하는 경우, 양도소득세 계산 시 증여받는 사람의 증여가액이 취득가액이 되어 양도차익이 대폭 감소하게 됩니다(증여가액 = 취득가액).

▶▶ **오늘의 세금 상식** ◀◀

1. 가족에게 '증여 후 양도'의 방법은 절세를 할 수 있는 탁월한 수단입니다. 단, 증여 후 5년 이후에 양도하여야 '이월과세'를 적용받지 않습니다.

08
증여한 부동산은 5년간 관리가 필수
─ 이월과세 무조건 피해야 하는 이유

앞의 챕터에서는 '증여 후 양도'의 절세 방법과 이월과세에 대하여 알아보았습니다. 이번 챕터에서는 이월과세에 대하여 더 자세히 알아보겠습니다.

1. 이월과세 효과

이월과세가 적용되는 경우, 실제로는 증여받은 사람이 부동산을 양도하였지만, 증여한 사람이 직접 양도한 것과 같은 방식으로 양도소득세를 계산합니다.

① 취득가액 이월과세

증여받은 부동산 등을 5년 이내 양도하는 경우에 취득가액은 당해 증여자의 취득 당시 금액으로 합니다.

② 세율 및 장기보유특별공제

처음 증여한 증여자가 자산을 취득한 날부터 기산합니다. 즉, 증여자와 증여받은 자의 기간을 통산합니다.

③ 필요경비

증여한 사람이 직접 양도한 것으로 보기 때문에 증여받은 사람의 취득세는 필요경비에 포함하지 않습니다. 단, 증여 당시 부담한 증여세는 필요경비로 공제해 줍니다.

2. 이월과세 적용 시 납부의무자

이월과세에 해당되어 양도소득세 계산 시 취득가액과 보유기간 등을 증여자의 기준으로 계산하더라도, 납부의무자는 증여받은 사람입니다. 주의하여야 합니다.

3. 이월과세 세금 효과

[예시] 남편이 2억에 부동산을 취득하여 5년간 보유 후 배우자에게 증여하였습니다(증여 당시 시가 7억). 추후 증여받은 배우자가 해당 부동산을 9억에 매각하였을 경우의 세 부담액을 구하시오.

(1) 배우자가 증여받은 4년 후에 양도한 경우

① 증여받은 날로부터 5년 이내에 양도하였기 때문에 '이월과세'가 적용됩니다.

② 증여세

배우자에게 증여받은 재산 7억에서 배우자 증여재산공제 6억을 공제하면 증여세 과세표준은 1억이 됩니다. 증여세 과세표준 1억에서 해당 증여세 산출세액 10%(1억 이하 증여세율 10%)를 곱하면 납부할 증여세액은 1천만원이 됩니다.

구분	일반증여
증여재산가액	7억
증여재산공제	6억
증여세과세표준	1억
세율	10%
증여세액	0.1억

③ 양도소득세

이월과세가 적용되기 때문에 취득가액과 보유기간이 최초 증여자의 것 (2억, 9년)이 적용되며, 이미 납부한 증여세액(1천만원)은 필요경비로 차감시켜줍니다. 증여자의 보유기간(5년)과 증여받은 자의 보유기간(4년)을 합하면 총 9년이므로 장기보유특별공제 18%가 적용됩니다.

구분	금액	비고
(+) 양도가액	900,000,000	
(−) 취득가액	(200,000,000)	증여자의 취득가액 적용
(−) 필요경비	(10,000,000)	증여세액 별도 차감
양도차익	690,000,000	(양도가액 - 취득가액 - 필요경비)
장기보유특별공제	(124,200,000)	9년 이상 보유, 양도차익의 18%
양도세과세표준	565,800,000	양도차익 - 장기보유특별공제
세율	42%	누진공제 3,540만원
산출세액	202,236,000	
지방소득세	20,223,600	양도소득세 10%
양도세 총부담세액	약 2.22억	양도소득세 + 지방소득세

(2) 배우자가 증여받은 5년 후에 양도한 경우

이월과세가 적용되지 않기 때문에 증여가액이 취득가액이 되며, 증여받은 자의 보유기간(5년 이상)을 적용(장기보유특별공제 10%)합니다.

구분	금액	비고
(+) 양도가액	900,000,000	
(−) 취득가액	(700,000,000)	증여자의 취득가액 적용
(−) 필요 경비	-	
양도차익	200,000,000	(양도가액 − 취득가액 − 필요경비)
장기보유특별공제	(20,000,000)	5년 이상 보유, 양도차익의 10%
양도세과세표준	180,000,000	양도차익 − 장기보유특별공제
세율	38%	누진공제 1,940만원
산출세액	49,000,000	
지방소득세	4,900,000	양도소득세 10%
양도세 총부담세액	약 0.54억	양도소득세 + 지방소득세

(3) 이월과세 적용(4년 후 양도) VS 이월과세 미적용(5년 이후 양도)

세목	이월과세 적용○	이월과세미적용×	세금차이금액
증여세	0.1억	0.1억	
양도소득세	2.22억	0.54억	
합계	2.32억	0.64억	1.68억

위의 표와 같이 이월과세를 적용받는 경우보다 이월과세를 적용받지 않는 경우가 전체 세금이 훨씬 줄어드는 것을 알 수 있습니다. 겨우 1년 늦게 양도하였을 뿐인데 세금을 많이 줄일 수 있습니다.

'탈세' 아니냐고요? 아닙니다. 세법을 합법적으로 이용한 것이기 때문에 '절세'가 되는 것입니다.

6. 이월과세의 배제

위의 예시에서 알 수 있듯이 이월과세가 적용되면, 세금이 대폭적으로 증가합니다. 그렇다면 이월과세를 적용받지 않는 방법은 없을까요?

① '이월과세를 적용하여 계산한 양도소득세'가 '이월과세 적용하지 않을 경우 양도소득세'보다 적은 경우에 이월과세를 적용하지 않습니다. 결국, 둘 중에 큰 것을 적용한다는 의미입니다.

MAX = 이월과세를 적용한 양도소득세, 이월과세를 적용하지 않은 양도소득세

가끔은 이월과세를 적용해서 오히려 세금이 줄어드는 경우도 있습니다. 이런 경우에는 이월과세를 적용하지 않고, 증여받은 사람이 양도한 것으로 보고 계산한 양도소득세를 인정한다는 의미입니다. 무조건 이월과세를 피해야 하는 이유입니다.

② 이월과세 적용 시 1세대 1주택 비과세가 되는 경우에 이월과세가 배제됩니다.

예를 들어 2주택 보유자인 아버지가 결혼하여 별도 세대를 이루고 있는 자녀에게 주택 1채를 증여하고, 아들은 증여받고 10개월 후에 양도합니다 (아버지 보유기간 1년 6개월). 아들의 주택 보유기간은 10개월로, 1세대 1주택 비과세 요건(2년 보유)을 충족하지 못하여 양도소득세 납부 대상입니다.

그러나 이월과세 규정을 적용하면 보유기간이 2년 이상(아버지 보유기간 1년 6개월 + 아들 보유기간 10개월)이므로 1세대 1주택 비과세 대상입니다. 이러한 경우 비과세를 받을 수 있을까요?

☞ 안타깝지만, 받지 못합니다. 이런 경우는 이월과세를 적용하면 오히려

세금이 줄어듭니다. 따라서 위의 ①번 규정 (MAX = 이월과세를 적용한 양도소득세, 이월과세를 적용하지 않은 양도소득세)에 해당되어 이월과세를 적용하지 않고 양도소득세를 납부하여야 합니다.

③ 이월과세는 양도 당시 증여자의 사망으로 배우자 관계가 소멸한 경우에 한하여 배제합니다. 이혼 시에도 이월과세를 배제해 주지 않습니다. 이혼 전 남편에게 증여받은 부동산을 양도하는 경우에도 이월과세를 적용합니다. 결국 5년 이내에 양도하면서 이월과세를 피하기는 거의 불가능에 가깝습니다.

7. 그 밖의 고려사항

위의 사례는 배우자에게 증여할 때 발생하는 취등록세는 고려하지 않았습니다.

'증여 5년 이후 양도'를 하는 경우 이월과세를 적용받지 않아 납부할 세금이 많이 줄어드는 것은 사실이지만, 최근 강화된 증여 취득세(현행 1~4%에서 최대 12%까지 인상)로 인하여 '증여 후 양도'의 절세 방법이 퇴색될 수 있습니다. ➡ *「높아진 취득세, 모르면 손해 편」(17쪽) 참조*

▶▶ 오늘의 세금 상식 ◀◀

1. 이월과세는 '이월과세를 적용한 세금'과 '이월과세를 적용하지 않았을 경우의 세금'을 비교하여 큰 금액으로 과세합니다. 이월과세를 무조건 피해야 하는 이유입니다.

2. 이월과세를 피하는 방법은 간단합니다. 증여 후 5년이 지나서 양도하면 됩니다. 증여 후 5년 이내에 양도하면서 이월과세를 피하는 것은 거의 불가능합니다.

3. 상승액이 높고 한동안 매각 계획이 없는 부동산은 '증여 후 양도'의 방법을 권해드립니다. 이월과세를 피하기만 한다면 상당한 금액을 절세할 수 있습니다.

4. 부동산을 가족에게 증여하는 경우, 증여세를 납부했다고 모든 의무사항이 끝나는 것이 아닙니다. 증여한 부동산을 최소한 5년간은 양도하지 않도록 관리해야 합니다.

5. 최근 강화된 취득세 개정으로 '증여 후 양도' 방법의 절세 효과가 다소 반감되었습니다. 앞으로는 '증여 후 양도' 방법을 사용하는 경우, 개정된 취득세를 반드시 추가로 고려하여야 합니다.

다가구주택 VS 다세대주택

이번 챕터에서는 '다가구주택과 다세대주택의 차이점'에 대하여 알아보 겠습니다. 이를 이해하기 위해서는 먼저 '단독주택'과 '공동주택' 개념을 알 아야 합니다.

1. 단독주택 VS 공동주택

하나의 건물을 구분 소유가 가능한 것은 공동주택, 단독 소유가 가능한 것은 단독주택이라고 합니다. 즉, 아파트처럼 하나의 건물이지만 호수별로 소유자가 구분되어 있는 경우가 공동주택, 구(舊)시가지에 흔히 보이는 하 나의 건물(보통 3~4층)을 단독 소유하는 경우를 단독주택이라고 합니다.

2. '다가구주택'이란 무엇일까요?

다가구주택과 유사한 개념으로 '다세대주택'이 있습니다.

	다가구주택	다세대주택
층수	3개층 이하의 주택층수	4개층 이하의 주택층수
바닥면적	660m² (200평) 이하	660m² (200평) 이하
세대규모	19세대 이하	제한 없음
지하층	주택에 미포함	주택에 포함
종류	단독주택	공동주택

위의 표로 비교해 보아도 다가구주택과 다세대주택은 거의 비슷한 것 같습니다. 실제로도 외관상으로 다가구주택인지 다세대주택인지를 구분하는 것은 쉽지 않습니다. 자신의 주택이 다가구주택인지 다세대주택인지를 확인하기 위해서는 아래 그림처럼 '건축물대장'의 '용도' 부분을 확인하면 됩니다.

3. 다가구주택과 다세대주택, 구분이 왜 중요할까요?

다가구주택과 다세대주택은 하나의 건물에 여러 세대가 동시에 거주한다는 공통점이 있으며, 외관상 차이도 거의 없습니다. 그러나 세법 측면에서는 어마어마한 차이가 있습니다. 다가구주택은 단독주택이며, 다세대주택은 공동주택이기 때문입니다.

[예시] 김절세 씨는 3층 주택 건물을 단독 소유하고 있으며, 1층과 2층은 주택 전세를 주고, 3층은 자가 거주를 하고 있습니다. 김절세 씨는 3년 전 5억에 해당 주택을 매입하였고 8억에 양도하고자 합니다. 이 경우 김절세 씨의 양도소득세는 어떻게 될까요?

① 해당 건물이 '다가구주택'인 경우

'다가구주택'은 '단독주택'에 해당되며, 3층 건물이 '1개의 소유권 등기'로 되어 있습니다.

즉, 김절세 씨는 1주택을 양도하는 것이 되고, 1세대 1주택 비과세 요건을 갖출 경우 납부하여야 할 세금이 없습니다.

② 해당 건물이 '다세대주택'인 경우

'다세대주택'은 '공동주택'에 해당되고, '각 호수별로 구분 등기'가 되어 있습니다. 즉 1층·2층·3층이 각각 구분 등기되어 있으며, 이를 양도한 김절세 씨는 3주택 양도가 되어 1세대 3주택 양도소득세 중과 대상입니다. 양도차익 3억(8억 - 5억)에 대한 양도소득세가 3주택 중과로 인하여 1억 이상 나올 수 있습니다.

▶▶ 오늘의 세금 상식 ◀◀

1. 다가구주택은 1주택이며, 다세대주택은 다(多)주택입니다. 일반 단독주택을 매입할 때는 건축물대장에서 이를 반드시 확인하여야 하며, 신축 시 건축 허가는 되도록 다가구주택으로 하는 것이 세무상 유리합니다.

10
건물 용도를 함부로 변경해서는 안 됩니다
— 다가구주택

앞의 챕터에서는 세무상 '다세대주택'보다는 '다가구주택'이 유리한 이유를 설명하였습니다. 이번 챕터에서는 실제로 제 주변에서 과세되었던 다가구주택 용도 변경에 대하여 알아보겠습니다.

1. 김절세 씨는 다음과 같은 4층 높이의 A건물을 소유하고 있습니다.

A건물은 총 4층짜리 건물입니다. 3개 층 이하의 주택층수로 인하여 '다가구주택'이며, 실제 건축물대장에도 '다가구주택'으로 용도 분류가 되어 있습니다. 그런데 1층 근린생활시설(상가)이 주변 상권이 약해서 월세가 잘 나가지 않자, 1층을 주택으로 용도 변경하여 월세를 주었습니다.

그 후 김절세 씨는 A건물(다가구주택)을 양도하였습니다. 김절세 씨는 A건물 이외의 다른 주택을 보유하고 있지 않았기 때문에 당연히 1세대 1주택 비과세 적용을 받을 수 있을 것이라고 생각하여 별도의 양도소득세를 신고하지 않았습니다. 그러나 1년 후 국세청으로부터 양도소득세 중과 대상이라는 통지서를 받게 됩니다.

2. 김절세 씨는 왜 국세청으로부터 양도소득세 중과 대상 통지를 받았을까요?

① 1층 근린생활시설(상가)을 '주택'으로 변경한 것이 문제가 됩니다.

1층을 주택으로 변경함으로써 주택층수가 기존의 3개에서 4개로 변경된 것입니다. 즉, '다가구주택'의 요건인 '3개 층 이하의 주택층수'를 만족시키지 못하며, 1층을 주택으로 용도 변경하는 순간, '다세대주택'으로 변경된 것입니다.

② 물론 김절세 씨는 다가구주택을 매입하였으며, 건축물대장에도 다가구주택으로 용도 표시가 되어 있습니다. 그러나 건축물대장이나 등기부등본에 '다가구주택'으로 기재되어 있어도, 실질적으로 다가구주택의 요건을 충족시키지 못한다면 다가구주택이 아닌 것입니다(실질과세의 원칙).

이때 용도 변경에 대한 건축 허가 등의 사실은 세법에 전혀 영향을 끼치지 못합니다. 즉, 건축 허가를 받았든 받지 않았든 해당 건물은 다가구주택이 아닙니다.

③ 결국 김절세 씨는 4층(자가 거주)만 1세대 1주택 비과세 적용을 받고, 1층·2층·3층 양도분에 대하여 다주택자 중과세율을 적용하여 거액의 양도소득세를 납부하였습니다.

공실(空室)을 막아보려고 생각 없이 실행한 용도 변경이 막대한 손실을 가져온 사례입니다.

3. 담당 공무원은 1층이 주택으로 용도 변경된 것을 어떻게 알았을까요?

예전에는 현장 실사를 가지 않으면 용도 변경 등에 대한 사실을 알기 어려웠습니다. 그래서 인력 부족 등으로 위와 같은 용도 변경 등에 대한 추가 과세 처분이 거의 없었습니다. 하지만 요즘은 인터넷이 많이 발달하여 현장 실사를 가지 않아도 많은 사실을 알 수 있습니다. 실제 판결문에 예시된 보고서에 다음과 같은 내용이 있습니다.

20XX년도 3월부터 8월까지 촬영한 인터넷 포털 항공사진에 의하면 1층을 주택으로 사용한 것이 나타난다. 건물 외벽에 현관문이 있고, 에어컨이 별도로 설치되어 있으며…(중략)…우편함, 전기 및 가스 계량기는 각 호수별로 건물 외벽 1층에 설치되어 있으며, 각 호수별로 주거용으로 요금을 납부한 것으로 되어 있다.
101호는 20XX년 4월 30일에 전입 신고하였고 …(이하 생략)

위의 예시문을 보면, 소름 끼칠 정도로 현황을 자세히 설명하고 있습니다.

1. 다가구주택의 용도를 함부로 변경해서는 안 됩니다. 특히, 상가를 주택으로 개조하거나, 4층에 옥탑방을 만드는 행위는 주의하여야 합니다. 용도를 변경하는 순간, 자신도 모르게 다(多)주택자가 될 수도 있습니다.

2. 세법은 실질에 따라 과세합니다. 건축물대장이나 등기부등본에 '다가구주택'으로 되어 있다고 1주택으로 보지 않습니다. 또한, 건축 허가를 받았다고 세법에서 유리하게 작용하지도 않습니다.

3. 몰래 용도를 변경하면 세무서에서 모를 것이라고 생각하면 큰 오산입니다. 요즘은 주택 전입신고 자료가 공유되며, 항공뷰 사진 등으로 상가 간판, 출입구 방향까지 모두 확인할 수 있습니다. 심지어 국세청에서 다가구주택 용도 변경 특별 감사까지 하고 있습니다. 소액의 임대료를 더 받으려다가 거액의 세금이 추징될 수 있습니다.

4. 혹시 다가구주택의 상가를 이미 주택으로 용도 변경을 하였다면, 다시 상가로 원상 복구하여 2년 이상 보유하고 양도하면 1주택으로 인정받을 수 있습니다.

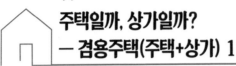

11
주택일까, 상가일까?
― 겸용주택(주택+상가) 1

요즘 신도시 등 새로 짓는 건물을 보면 1~2층은 상가, 3~4층은 주택으로 짓는 경우가 많습니다. 하나의 건물에 상가와 주택을 동시에 건설하여, 상가에서 월세도 받고, 주택은 주인이 직접 살거나 전세를 주기도 합니다. 이와 같이 주택과 상가가 동시에 있으면 이 건물은 상가일까요, 주택일까요?

1. 겸용주택이란?

'겸용주택'이란 한 개의 건물 안에 주택과 다른 목적의 건물이 동시에 설치되어 있는 주택을 말합니다. 통상적으로 주택과 상가가 동시에 있는 건물이 대부분입니다.

2. 주택과 상가의 세무상 차이

겸용주택은 주택과 상가가 동시에 있는 건물입니다. 그렇다면 '주택'과 '상가'는 세무상 어떤 차이가 있을까요?

주택은 필수불가결한 재화로 인식되어, 다른 부동산(상가)에 비하여 세무상 많은 혜택이 있습니다. 특히, 1세대 1주택일 경우, 양도가액 9억까지 비과세가 적용되고, 장기보유특별공제를 최대 80%까지 하여 실질적으로 세금이 거의 발생하지 않습니다.

반면에 상가는 비과세 규정이 없으며, 장기보유특별공제 최대한도가 30%이므로 주택보다 상대적으로 세 부담이 클 수밖에 없습니다.

주택과 상가가 섞여 있는 겸용주택은 납세자 입장에서 주택으로 판정되는 것이 좋을까요? 아니면 상가로 판정되는 좋을까요?

당연히 '주택'으로 판정되어 과세되는 것이 납세자 입장에서는 유리한 경우가 많습니다.

구분	1세대 1주택	상가
비과세	9억원 이내 비과세 (9억 초과분만 과세)	전체 과세
장기보유특별공제	최대 80%	최대 30%

3. 겸용주택의 세무상 주택 판정

겸용주택은 주택일까요? 아니면 상가일까요?

겸용주택은 해당 면적을 기준으로 상가인지 주택인지 판단**합니다.**

주택 면적이 주택 이외의 면적(상가)보다 조금이라도 더 크다면 건물 전체(주택+상가)를 주택으로 보고 있습니다. 반면에 주택 면적이 주택 이외의 면적(상가)보다 작으면 주택 면적만 주택으로 보며, 주택 이외의 면적은 주택으로 보지 않습니다.

	주택 면적 > 주택 이외의 면적	주택 면적 ≤ 주택 이외의 면적
건물	전부 주택	주택만 주택
주택의 부수토지	전부 주택 부수토지로 봄 건물(주택+주택 이외) 정착면적 기준 한도 적용	주택 면적과 주택 이외의 면적으로 안분계산 주택 정착면적 기준 한도 적용

만약 겸용주택을 신축한다면 겸용주택A처럼 지어야 할까요, 겸용주택B처럼 지어야 할까요?

4층 : 주택(자가거주)
3층 : 주택(전세)
2층 : 근린생활시설(상가)
1층 : 근린생활시설(상가)

(겸용주택 A)

4층 : 주택(자가거주)
3층 : 주택(전세)
2층 : 근린생활시설(상가)
1층 : 근린생활시설(상가)

(겸용주택 B)

당연히 겸용주택B처럼 지어야 합니다. 겸용주택의 세무상 특성을 알면 위의 겸용주택A와 겸용주택B의 차이가 보일 것입니다.

겸용주택B는 주택 면적이 상가 면적보다 크기 때문에(주택 면적>상가 면적), 세무상 전체 면적(주택+상가)을 주택으로 인정받을 수 있습니다. 건설업자들도 위와 같은 사실을 알고 있기 때문에, 현재 대부분의 겸용주택들은 실제로 겸용주택 B처럼 주택의 면적이 조금 더 넓게 지어져 있습니다.

4. 겸용주택의 과세, 비과세 구분

[사례] 1주택 비과세 요건을 충족하는 겸용주택, 건물정착면적(주택+상가) 100㎡, 주택부수토지 800㎡(도시지역 소재)의 건물 구성이 다음과 같을 경우, 건물과 토지의 과세 대상과 비과세 대상을 구하시오. 단, 주택부수토지 한도는 주택 면적의 5배입니다.[6)

[상황1] 주택 면적 60㎡, 상가 면적 40㎡인 경우

---

6) 양도소득세 실무교안(이철재, 한국공인회계사회)

☞ 주택 면적이 주택 이외 면적보다 크기 때문에 건물 면적 100㎡ 전부를 주택으로 봅니다. 그래서 1세대 1주택 비과세 요건을 충족할 경우 건물 면적 100㎡ 전부 비과세를 받을 수 있습니다. 그리고 주택부수토지 산정 시 기준 면적이 주택으로 보는 면적(100㎡)이 되므로 500㎡(5배)까지 비과세 됩니다.

[상황2] 주택 면적 40㎡, 상가 면적 60㎡인 경우

☞ 주택 면적이 주택 이외 면적보다 작기 때문에 건물 면적 100㎡ 중 주택 면적 40㎡만 주택으로 봅니다. 그래서 1세대 1주택 비과세 요건을 충족할 경우 주택 면적 40㎡만 비과세되며, 상가 면적 60㎡는 양도소득세를 납부하여야 합니다. 그리고 주택부수토지 산정 시 기준 면적이 주택으로 보는 면적(40㎡)만 인정하므로 200㎡(5배)까지만 비과세 됩니다.

구분		[상황 1] 주택 면적 60m² 상가 면적 40m²인 경우	[상황 2] 주택 면적 40m² 상가 면적 60m²인 경우
건물	비과세	건물 100m² 전부 주택 (전부 주택)	주택 면적 40m² (주택만 주택)
	과세	없음	60m²(상가 부분)
토지	주택부수토지	800m²	800m² × 40m² / 100m² = 320m²
	한도(5배)	100m² × 5 = 500m²	40m² × 5 = 200m²
	비과세 대상	500m²	200m²
	과세분	300m²	600m²

위의 [상황1]과 [상황2]를 살펴보면, 주택 면적과 상가 면적 간 약간의 차이가 있을 뿐이지만, 과세 부분과 비과세 부분은 엄청난 차이가 발생합니다.

5. '주택 면적'과 '주택 이외(상가) 면적'의 구분

겸용주택은 주택 면적과 상가 면적의 구분이 중요합니다. 주택과 주택 이외(상가)의 부분은 실제 용도에 따라 구분합니다(실질과세의 원칙). 단, 실제 용도가 불분명한 부분은 공적장부상의 용도에 의합니다. 공부상의 용도도 불분명한 경우에는 공용으로 보고, 주택 면적과 주택 이외의 면적으로 안분하여 계산합니다.

① 겸용주택의 지하실

지하실도 용도에 따라 구분하지만, 용도가 불분명한 경우에는 공용으로 봅니다.

② 겸용주택의 계단

계단도 용도에 따라 주택과 주택 이외의 부분으로 구분하며, 용도가 불분명한 경우에는 공용으로 봅니다. 예를 들면 1층에 점포가, 2층에 주택이 있는 경우 2층 전용 계단은 주택을 위한 것이므로 주택으로 보아야 합니다 (재일46014 - 894, 1996.4.8).

[사례] 2층 건물의 공적장부상 면적은 1층과 2층이 각각 80㎡, 용도는 1층 점포, 2층 주택입니다. 그러나 실제로는 1층에 2층으로 올라가는 계단의 면적 5㎡가 있는 경우에 겸용주택의 판정은?[7]

☞ 2층 '주택'으로 올라가는 전용계단이 1층에 설치된 경우, 계단 부분은 주택으로 봅니다. 따라서 주택 면적이 점포 면적보다 크므로 전부를 주택으로 봅니다.

---

7) 양도소득세 실무교안(이철재, 한국공인회계사회)

1. 겸용주택이란 통상적으로 '주택'과 '상가'가 동시에 있는 건물을 말합니다.

2. 겸용주택은 주택의 면적이 주택 외의 면적(상가)보다 조금이라도 넓어야 세무상 유리합니다.

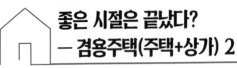

12
좋은 시절은 끝났다?
— 겸용주택(주택+상가) 2

앞에서 언급하였듯이 겸용주택은 상가의 수익성과 주택의 세제 혜택을 동시에 누릴 수 있는 아주 유익한 부동산입니다. 그런데 왜 좋은 시절은 끝났다고 했을까요? 예상하셨겠지만, 세법이 개정되기 때문입니다.

1. 9억 이상 겸용주택의 경우, 2022년 1월 1일 양도분부터 주택 부분만 비과세가 인정되며 상가 부분은 양도소득세가 과세됩니다.

	주택 면적 > 주택 이외의 면적	주택 면적 ≤ 주택 이외의 면적
현행	전부 주택	주택만 주택
개정안	주택만 주택	주택만 주택

현재까지는 고가(9억) 겸용주택이더라도 주택으로 사용하는 면적이 주택 외의 면적을 초과하면 모두 주택으로 간주하여 세금을 부과하였지만, 2022년 이후 양도분부터는 주택으로 사용하는 부분만 주택으로 간주합니다.

2. 개정세법에 의하면 양도소득세가 얼마나 증가할까요?

다음의 자료는 제가 만든 자료는 아니며, 친절하게도(?) 기획재정부에서 배포한 자료입니다.[8]

□ **10**년 이상 보유한 주택 부분 > 주택외 부분인 겸용주택을 양도한 경우

(단위: 백만원)

구 분	현 행			개정안		
	합계	주택	상가	합 계	주택	상가
면적	162.8㎡	85.7㎡ > 77.1㎡		162.8㎡	85.7㎡ > 77.1㎡	
양도가액	3,800	2,358	1,442	3,800	2,358	1,442
취득가액 (+필요경비)	727	442	285	727	442	285
양도차익	3,073	1,916	1,157	3,073	1,916	1,157
양도차익 비과세	727	453	274	732	732	–
과세양도차익	2,345	1,462	883	2,341	1,184	1,157
장기보유특별공제	1,876	1,169	707	1,294	947	347
양도소득	469	292	177	1,047	237	810
산출세액	161			403		
세부담	양도소득세 161백만원			양도소득세 403백만원		
	전체를 주택으로 보아 9억원 초과분에 상당하는 양도차익에 대해 80% 장기보유특별공제 적용			9억원 초과 금액 중 주택부분에 대해서만 비과세 적용, 주택 상가부분별 장기보유특별 공제(주택 80%, 상가 30%) 적용		

10년 이상 보유한 겸용주택을 38억에 매각하여 30.73억의 양도차익이 발생한 경우, 현재는 1.61억의 양도소득세가 발생하지만, 2022년 이후 양도할 경우에는 4.03억의 양도소득세가 발생합니다. 무려 2.5배 정도 세금이 늘어납니다.

주택 면적이 상가 면적보다 크지만, 개정된 세법을 적용하여 상가 면적에 대한 비과세가 적용되지 않았습니다. 또한 상가 부분 장기보유특별공제가 최대 80%에서 30%로 감소하면서 세금이 대폭 증가하였습니다.

---

8) 2019년 세법개정안 문답자료(기획재정부, 2019.07.25) 참조

3. 위의 기획재정부에서 발표한 자료 중에 추가로 고려할 부분이 더 있습니다.

① 2020년부터 고가 주택(9억 이상) 장기보유특별공제를 80%를 받기 위해서는 2년 거주 요건이 추가되었습니다. 2년 거주 요건을 충족하지 못한다면 10년 이상 보유를 하였더라도 장기보유특별공제를 최대 30%밖에 받지 못합니다.

➠ 『이제는 거주까지 하여야 합니다 ─ 장기보유특별공제』편(90쪽) 참조

즉, 위의 기획재경부 사례는 2년 이상 거주를 한 경우에 해당하는 금액이며, 만약 2년 이상 거주하지 않았다면, 주택 부분 장기보유특별공제도 30%밖에 적용받지 못하여 세금이 대폭적으로 증가하게 됩니다. 대략 계산해 보니, 산출세액이 6.5억으로 약 2.5억(6.5억 - 4.03억) 증가합니다.

② 2주택 또는 3주택 이상일 경우에는, 양도소득세를 중과하고 장기보유특별공제 미적용으로 인하여 세금폭탄을 맞게 됩니다. 위의 사례에서 양도자가 3주택자라고 가정할 경우, 양도차익 30.73억 중에 대략 20억 이상을 양도소득세로 납부하게 됩니다.

4. 최근 몇 년간 양도소득세가 대폭적으로 증세되었습니다.

특히 겸용주택의 경우, 기존의 세제 혜택(상가 면적을 주택으로 간주)을 염두에 두고 신축 또는 매입한 분이 많습니다. 이번 개정으로 인하여 2022년부터는 고가(9억)의 겸용주택은 세제 혜택을 거의 받지 못합니다. 이미 겸용주택을 보유한 분들 입장에서는 재산권 침해라고 느낄 수도 있습니다.

5. 겸용주택 규정은 세법상 1개의 주택을 매매할 경우에 고려할 사항입

니다. 다세대주택의 경우, 건물 자체가 1개의 주택이 아니기 때문에 겸용주택 규정을 적용할 수 없습니다.

▶▶ **오늘의 세금 상식** ◀◀

1. 고가(9억)의 겸용주택을 보유한 분들 중 양도차익이 크거나 양도 예정이 있는 분들은 2021년 12월 31일까지 매매를 고려해 보는 것이 좋습니다.

2. 위의 겸용주택 개정안은 9억 이상 겸용주택에 해당하는 자료입니다. 9억 이하의 겸용주택은 기존 겸용주택 혜택을 그대로 받을 수 있습니다.

13

재산세 부과내역 반드시 살피세요
— 주거용 오피스텔

이번 챕터에서는 '오피스텔'에 대하여 알아보겠습니다.

1. 오피스텔은 '업무용 시설'일까요, '주택'일까요?

예전에는 오피스텔을 '업무용 시설'로 분양하였는데, 요즘은 '개별 주택'처럼 분양하는 경우가 많아졌습니다. 정답은 무엇일까요? 답은 둘 다입니다.

세법의 원칙 중에 '실질과세의 원칙'이라는 것이 있습니다. 실질과세의 원칙이란 말 그대로 실질에 따라 과세한다는 내용입니다. 즉, 실질적으로 사용하고 있는 용도에 따라서 '업무용'이 될 수도 있으며, '주택'이 될 수도 있다는 말입니다.

사용자가 오피스텔을 '주택'으로 사용하고 있으면 '주택'이 되고, '업무용'으로 사용하고 있다면 '업무용'이 됩니다. 즉, 오피스텔은 박쥐같은 존재입니다.

2. 오피스텔을 주거용 '주택'으로 사용할 경우에는 반드시 재산세 납부 내역을 확인하여야 합니다.

재산세 편에서 보았듯이 '주택'일 경우가 '업무용'일 때보다 재산세 측면에서 훨씬 유리합니다. 경우에 따라 다르지만, '주택'인 경우가 '업무용 시설'보다 30 ~ 50% 정도 저렴합니다. ➠ 「*부동산 갖고만 있어도 세금이 부과됩니다 — 재산세와 종합부동산세*」편(29쪽) 참조

오피스텔을 주거용으로 사용할 경우, 소유주에게 신고 의무가 있습니다. 그러나 소유주가 신고 의무 불이행 시 직권으로 과세대장에 반영하며, 일단 '업무용'으로 재산세를 부과합니다. 그러므로 실질적으로 주거용 '주택'으로 사용하고 있는 경우에도, 실무상 '업무용'으로 과세되어 재산세를 50% 이상 부당하게 납부하는 경우가 있습니다.

통상적으로 재산세는 매년 비슷한 금액이 부과되므로, 부당하게 재산세를 수년간 과다 납부하는 경우가 생각보다 많습니다. 공무원이 알아서 구제해 주지 않습니다. '주택'으로 사용하고 있음에도 불구하고, '업무용'으로 재산세가 과세될 경우에는 '재산세 과세 대상 변동 신고서'라는 것을 제출하여 향후 재산세가 '주택'으로 부과될 수 있게 하여야 합니다. 세법상으로는 과거 5년간 부당하게 납부한 재산세를 환급받을 수도 있습니다.

요즘 1인 가구가 증가하면서 오피스텔을 '주택'으로 사용하는 경우가 상당히 증가하였습니다. 특히 노인들이 상대적으로 저렴한 '주거형 오피스텔'에서 생활하는 경우가 많아졌습니다. 부모님이 혹시 '주거형 오피스텔'에 거주하신다면, 재산세가 '주택'으로 부과되고 있는지 여부를 체크해 보아야 합니다.

단, 오피스텔이 '주택임대사업용' 주택으로 등록된 경우에는 신고 없이도 주택분 재산세를 부과하고 있습니다.

3. 오피스텔이 주거용 '주택'으로 사용할 경우 주의 사항
① 1세대 1주택 비과세 배제
오피스텔을 주거용 '주택'으로 사용할 경우, 만약 오피스텔 외 다른 주택

이 있다면, 1세대 1주택 비과세를 받을 수 없습니다. 즉, 오피스텔도 하나의 주택으로 간주되어 다른 주택 양도 시 2주택 이상이 되므로 양도소득세 계산 시 주의해야 합니다.

반면에 '업무용'이라면 주택이 아니므로, 다른 1주택만 있다면 당연히 1세대 1주택 비과세를 받을 수 있습니다.

② 종합부동산세 합산

오피스텔을 주거용 '주택'으로 사용할 경우, 주택으로써 종합부동산세 합산 대상이 됩니다. '업무용'일 경우에도 종합부동산세 합산 대상이지만, 80억을 초과하여야 과세되므로 실질적으로 종합부동산세와는 관계없다고 생각하면 됩니다.

③ 부가가치세 환급

오피스텔을 '업무용'으로 등록 시 건물분에 해당하는 부가가치세를 환급받을 수 있으나, '주택'의 경우에는 부가가치세를 환급받을 수 없습니다.

4. 기타 주의 사항

① 오피스텔의 경우 실질에 따라 혜택을 받아야 하며, 이를 소유주가 실질과 다르게 임의로 정할 수는 없습니다. 예를 들어, '주택'으로 사용한 오피스텔을 '업무용' 재산세를 납부하였다고 하여, 추후 다른 주택 양도 시 1세대 1주택 비과세를 받을 수 없으며, 부가가치세 환급도 받을 수 없습니다.

② 주거용 오피스텔임에도 불구하고 업무용으로 사업자등록을 하는 분들이 있습니다. 취득 시 부가가치세를 환급받거나 다주택자가 되는 것을 피한 경우가 대부분입니다. 하지만 '업무용' 일반임대사업자의 경우에는 주택 임대가 아닌 업무용으로만 임대할 수 있기 때문에 세입자를 구하기 어려우며, 임대기간을 10년 이상 유지하여야 환급받았던 부가가치세를 추징당하

지 않습니다.

③ 보통 오피스텔 분양 사무실에서 '부가가치세 무조건 환급'이라는 문구로 광고하는 것을 볼 수 있습니다. 하지만 이는 '업무용'으로 사용할 경우에만 해당되며, 명백한 과장 광고입니다.

▶▶ 오늘의 세금 상식 ◀◀

1. 오피스텔은 공부상 용도가 아닌 실제 사용 용도가 중요합니다. 실제 사용 용도에 따라 '주택'이 될 수도 있고, '업무용' 시설이 될 수도 있습니다.

2. 실제 사용 용도를 실질과 다르게 소유주가 임의로 정할 수는 없습니다. 예를 들어 부가가치세를 환급받기 위하여 주택용 오피스텔을 일반임대사업자(업무용)로 등록할 수는 없습니다. 나중에 밝혀지면 가산세까지 포함하여 전부 추징됩니다.

3. '주택'으로 사용하는 오피스텔은 재산세 부과내역을 잘 살펴보아야 합니다. '업무용'으로 부과될 경우보다 30~50% 저렴하기 때문입니다.

4. '주택'으로 사용하는 오피스텔은 주택에 해당하므로 양도소득세와 종합부동산세 고려 시 반드시 주택 수에 포함시켜야 합니다. 실제로 소형 오피스텔로 인하여 1세대 1주택 비과세를 받지 못하고, 나중에 거액의 세금이 추징되는 경우가 상당수 있습니다.

5. 오피스텔 취득 시 부가가치세를 환급받기 위해서는 반드시 '업무용'으로 사용하여야 합니다. 본인이 사업자등록증을 내고 업무용으로 사용하거나, 다른 사업자에게 이를 임대하여야 합니다. 임대할 때에는 임차인의 사업자등록증을 반드시 확인하여야 나중에 불이익을 받지 않습니다.

6. '주택임대사업자'는 부가가치세 환급을 받을 수 없습니다. 주거용으로 사용되기 때문입니다.

14
취득하는 순간 모두 주택입니다
― 입주권과 분양권

이번 챕터에서는 입주권과 분양권에 대하여 알아보겠습니다. 의외로 입주권과 분양권을 헷갈려 하는 분이 많습니다. 입주권과 분양권은 공통점도 있지만, 세법상 분명한 차이점이 있습니다.

1. 입주권 VS 분양권

입주권이란 재개발, 재건축으로 새로 짓는 아파트에 조합원 자격으로 입주할 수 있는 권리를 말합니다. 분양권이란 신규 아파트 준공 후 아파트에 입주할 수 있는 권리를 말합니다.

2. 분양권과 입주권의 차이

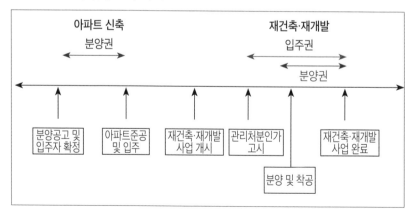

① 일반적으로 '분양권'이란, 신축 아파트 분양 시 청약통장 등을 사용하여 신규 아파트에 입주할 수 있는 권리입니다. 흔히 '당첨권'이라고도 하며, 입주 전에 P를 주고 원하는 동호수를 사고팔기도 합니다.

② 재건축·재개발 사업이 개시되고, '관리처분인가 고시'가 나면 조합원 자격이 확장됩니다. 관리처분인가 고시가 되면 기존 아파트는 권리로 바뀌는데, 이를 조합원 '입주권'이라고 합니다.

③ 단, 재건축·재개발 사업 시에도 분양권이 발생할 수 있습니다. 재건축·재개발 시 기존 조합원에게 우선적으로 배정(입주권)하고, 조합원분을 제외한 일반 분양분을 분양합니다. 재건축·재개발 일반 분양분은 아파트 신축과 마찬가지로 청약통장 등을 사용하며, 이것 또한 분양권입니다.

	기존 조합원	일반 분양자
아파트 신축	×	분양권
재건축·재개발	입주권	분양권

3. 입주권과 분양권의 공통점

입주권과 분양권의 공통점은 둘 다 추후 신규 아파트에 입주할 수 있는 '권리'라는 점입니다.

둘 다 부동산 실물이 아닌 '눈에 보이지 않는 권리'라는 측면에서 많은 분들이 혼동을 하는 것 같습니다.

5. 입주권과 분양권의 세무상 차이점(분양권의 경우 2020.12.31 이전 취득분)

입주권과 분양권의 세무상 가장 큰 차이점은, 입주권은 '주택'으로 보지만 분양권은 '주택'이 아니라는 겁니다.

① 분양권은 주택이 아니기 때문에 1가구 2주택 등의 중과세율이 없습니다. 즉, 별도의 주택을 보유하고 있는 상황에서 여러 개의 분양권을 사고 팔았다고 할지라도 합산과세만 할 뿐 중과세 부담이 없기 때문에 양도소득세 부담이 상대적으로 적습니다. 분양권은 추후 등기를 하고 나서야 '주택'으로 간주합니다.

② 입주권은 취득하는 순간에 '주택'을 취득하는 것으로 간주합니다. 즉, 입주권은 실제 주택이 아님에도 불구하고 주택으로 간주하기 때문에, 입주권 외의 다른 주택을 소유하고 있는 경우에는 1가구 2주택 등의 중과세율이 적용될 수 있으므로 입주권 취득에 신중을 기해야 합니다.

5. 분양권의 주택 수 포함(2021.1.1 이후 취득분)

① 위에서 분양권은 주택 수에 포함되지 않기 때문에 입주권에 비교하여 세무상 유리하다고 설명하였습니다. 그런데 2020.7.10 대책에서 분양권도 주택 수에 포함한다는 내용으로 개정되었습니다. 단, 법시행일(2021.1.1) 이후 취득하는 분양권부터 적용하고, 그 이전에 취득한 분양권은 이전처럼 주택에 포함되지 않습니다.

사실 분양권을 주택으로 본다는 규정은 기존 세법의 큰 틀을 깨는 조문입니다. 양도소득세의 분양권 관련 모든 예규들이 분양권이 주택이 아니라는 전제하에 만들어졌습니다. 당장 1세대 1주택 비과세뿐만 아니라 다주택자 중과세율에도 영향을 미칩니다.

1주택 + 1분양권을 가진 경우, 이제는 2주택이 됩니다. 일시적 2주택자가 분양권을 가진 자와 혼인으로 (2주택 + 분양권)을 갖게 될 경우, 지금처럼 3주택을 모두 비과세 받을 수 있을까요? 앞으로 수없이 바뀔 예규를 생각하면 벌써부터 머리가 복잡해집니다.

② 아래의 자료는 2020년 9월에 국세청에서 발표한 100문 100답 자료 중 분양권 관련 내용입니다.

> **2. 1세대 1주택자가 '21.4.2. 분양권을 취득하는 경우 1세대 2주택에 해당하는지?**

○ **2주택에 해당하나, 현재 조합원입주권에 적용되는 일시적 2주택(1주택+1 조합원입주권)비과세와 유사한 특례를 분양권(1주택+1분양권)에도 예외적으로 적용하도록 시행령에 규정할 예정**

<시행시기> '21.1.1.이후 취득분부터 적용

아직 구체적인 시행령이 만들어지지 않았고, 조금 더 지켜봐야 할 사항입니다.[9]

③ 참고로, 취득세 중과를 함에 있어서도 분양권을 주택 수에 포함하고 있습니다. 단, 주택 수로 간주하는 취득일이 서로 다르니 주의해야 합니다.

▦➡ *「높아진 취득세, 모르면 손해」편(17쪽) 참조*

---

9) 2020년 세법개정 후속 시행령 개정(기획재정부, 2021. 1. 6.)내용에 따르면,
  ① 1세대1주택 비과세, 다주택자의 조정대상지역 내 주택에 대한 중과세율 적용 시 분양권을 조합원입주권과 동일하게 주택 수에 포함합니다.
  ② 다만, 다음의 일시적 「1주택 1분양권」에 해당하는 경우는 1주택으로 간주합니다.
    ① 1주택을 보유한 1세대가 종전주택 취득한 날부터 1년 이상이 지난 후에 분양권을 취득하고, 분양권 취득 후 3년 이내 종전주택 양도
    ② 신축주택 미완공 등으로 분양권 취득 후 3년 내 종전주택을 양도하지 못한 경우, 신축주택 완공 전 또는 완공 후 2년 이내 종전주택을 양도하고, 신규주택으로 세대 전원이 이사하여 1년 이상 계속 거주

양도소득세	2021.1.1 이후 취득분부터 주택수 가산
취득세	2020.8.12 이후 취득분부터 주택수 가산

6. 그 밖의 고려 사항

① 최근 청약제도 개정으로 인하여 분양권을 보유하고 있는 경우에도 유주택자로 간주하여 청약 기회를 제한하고 있습니다. 또한, 대출 규제로 분양권을 보유하고 있는 경우, 다른 주택 매수 시 주택 수에 포함하여 대출을 제한하고 있습니다. 이 규정은 세법과 무관한 규정이며, 청약이나 대출 시에만 적용되는 규정입니다.

즉, 분양권 보유자는 세무상 무주택자입니다(단, 2020.1.1.이후 취득분은 세무상도 유주택자입니다).

② 통상적으로 분양권은 세무상 주택이 아니므로 매매가 용이하여 입주권보다 인기가 좋았지만, 이번 세법 개정으로 어떻게 변할지는 지켜보아야 할 사항입니다.

③ 최초 분양권을 받기 위해서는 청약통장이 필요하지만, 입주권은 청약통장이 필요 없습니다.

④ 일반적으로 분양권은 주택 가격의 10~20%(계약금)의 가격으로 매수할 수 있으며, 초기 자금 부담이 적습니다. 반면에 입주권은 총주택가격에서 이주지원금을 차감한 금액을 지불하여야 매수할 수 있으므로 초기 자금 부담이 상대적으로 큰 편입니다.

즉, 주택가격이 5억이라고 가정하면(이주지원금 2억), 분양권의 경우 계약금 5천만원(5억의 10%)만 주고 분양권을 매수하고, 나머지 금액은 중도금 대출 등으로 대체됩니다.

반면에 입주권은 주택가격 5억에서 건설사로부터 받은 이주지원금 2억을 차감한 3억을 우선 지급하여야 하며, 나중에 입주 시 건설사에 이주지원금 2억을 상환하여야 합니다.

▶▶ 오늘의 세금 상식 ◀◀

1. 이제는 '분양권'과 '입주권' 모두 취득과 동시에 주택이 됩니다. 분양권이나 입주권 이외 다른 주택 소유자들은 다주택자 중과세를 고려해야 합니다.

2. 2021년 6월 1일부터는 분양권을 2년 이상 보유한다고 할지라도 양도소득세율이 60% 적용됩니다. 분양권 투자 시대는 이제 거의 막을 내렸다고 봐도 될 듯합니다.

3. 1세대 1주택 비과세 요건을 갖춘 입주권을 보유할 경우 주택처럼 비과세를 받을 수 있습니다.

4. 분양권은 초기 비용이 적으며, 입주권은 상대적으로 초기 부담 비용이 큽니다.

제5장

최고의 절세상품, 1세대 1주택 비과세

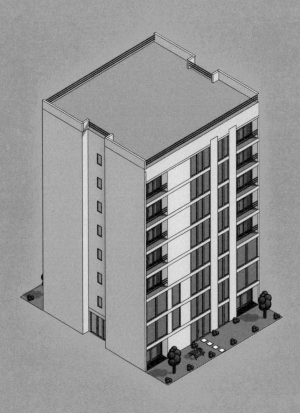

01
대한민국 성인이라면 누구나 알고 있어야 합니다
— 1세대 1주택 비과세

'비과세'란 의미는 세금을 아예 부과하지 않는다는 의미입니다. 즉, 1세대가 1주택 등 일정 요건을 충족하면 해당 주택의 양도차익에 대하여 세금이 전혀 없을 뿐만 아니라, 신고조차 할 필요가 없습니다.

1세대 1주택 비과세 제도는 국가가 개인에게 부여하는 가장 큰 세금 혜택입니다. 경우에 따라서 몇 억의 세금이 면제될 수 있는 사항입니다. 즉, 이러한 세금 혜택을 제대로 활용하기 위해서는 대한민국 성인이라면 누구나 1세대 1주택 비과세 제도를 무조건 알고 있어야 합니다.

1세대 1주택 비과세 요건은 다음과 같습니다.

> ※ 1세대 1주택 비과세 요건
>
> ① 거주자인 1세대가
> ② 국내에 1주택을 소유할 것
> ③ 2년 이상 보유(조정대상지역은 2년 이상 거주)한 주택일 것
> ④ 미등기 양도자산 및 고가 주택 등 제외 사유가 아닐 것

위의 비과세 요건은 무조건 기억해 두어야 합니다. 사실 그리 복잡하지도 않습니다. 한 가구가 한 채의 주택에서 2년 이상 거주한 후 양도하고 남은 차익은 세금을 부과하지 않는다는 내용입니다.

실제로 대부분의 성인 남녀라면 대략이나마 1세대 1주택 비과세 요건을

알고 있을 것입니다. 하지만 세부 내역은 조금 복잡할 수도 있습니다. 특히 최근에는 전문가도 헷갈릴 정도로 세법이 자주 바뀌고 있으며, 내용도 점점 복잡해지고 있습니다.

이제부터 비과세 요건을 하나씩 자세히 살펴보겠습니다.

6개월 이상 해외에 거주했다면

1세대 1주택 비과세 요건 중 첫 번째 조건이 '거주자'인 '1세대'입니다. 일단 거주자에 대하여 알아보겠습니다.

① 거주자란 국내에 주소를 두거나, 183일 이상 거소를 둔 개인을 말합니다. 거주자는 국내에 183일 이상 국내에 거주할 것을 통상 필요로 하는 직업을 가지고, 국내에 생계를 같이하는 가족이 있는가 등 객관적 사실에 따라 판정됩니다.

② 단, 국외에서 근무하는 공무원 또는 내국법인의 국외사업장 또는 해외현지법인(내국법인이 출자지분의 100%를 직간접적으로 출자한 경우에 한정) 등에 파견된 임직원은 거주자로 보고 있습니다.

③ '비거주자'는 거주자가 아닌 개인을 말하며, 비거주자는 1세대 1주택 비과세 혜택을 받지 못합니다.

④ 실무적으로 비거주자가 부동산 매매를 하는 경우는 거의 없습니다. 우리가 하루에 만나는 사람 중의 99.9%가 거주자입니다.

단, 6개월 이상 해외에 체류했던 분이라면 입국하여 부동산을 매각하기 전에 거주자의 조건에 부합되는지 조건을 살펴보아야 합니다.

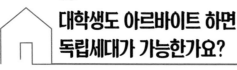

대학생도 아르바이트 하면 독립세대가 가능한가요?

1세대 1주택 비과세를 받기 위해서는 '1세대'를 구성하여야 합니다.

1. 1세대

① 1세대란 거주자 및 그 배우자가 같은 주소 또는 거소에서 생계를 같이하는 자와 함께 구성하는 가족 단위를 말합니다. 우리가 흔히 생각하는 가족 개념입니다.

② 생계를 같이하는 자란 '현실적으로 생계를 같이하는 것'을 의미하며, 일상생활에서 볼 때 동일한 생활자금에서 생활하는 단위를 의미합니다. 생계를 같이하는 동거가족의 판단은 주민등록지와 상관없이 실제적으로 한 세대 내에 거주하면서 생계를 함께하고 동거하는가에 따라 판단합니다. 즉, 주민등록과 사실의 현황이 다른 경우 '사실상 현황'에 따릅니다(실질과세의 원칙).

③ 가족이란 거주자와 그 배우자의 직계존비속 및 형제자매를 말합니다. 장인, 장모, 처제, 처남, 시부모, 시동생, 사위, 며느리가 생계를 같이하는 경우에는 같은 세대에 해당됩니다. 가족이 취학, 질병의 요양, 근무 또는 사업상의 형편으로 본래의 주소 또는 거소를 일시 퇴거한 경우에도 가족의 범위에 포함됩니다.

④ 형제자매의 배우자는 가족의 범위에 포함되지 않으니 주의하여야 합

니다. 즉, 거주자 본인의 형수(형의 아내)는 '형제자매의 배우자'에 해당하여 생계를 같이하더라도 가족의 범위에서 제외되는 반면, 형수의 입장에서 시동생은 '배우자의 형제자매'에 해당되어 가족의 범위에 포함됩니다.

2. 거주자와 배우자는 무조건 같은 세대로 간주합니다.
1주택을 소유한 거주자와 1주택을 소유한 그 배우자가 '세대를 분리한 경우에도' 같은 세대이므로 1세대 2주택이 됩니다.

3. 1세대가 되기 위해서는 반드시 배우자가 있어야 하지만, 다음 어느 하나에 해당되면 배우자가 없어도 1세대로 봅니다.
① 거주자의 나이가 30세 이상인 경우
② 배우자가 사망하거나 이혼한 경우
③ 거주자가 30세 미만이라도 거주자 소득이 기준중위소득의 40% 수준 이상으로, 소유하고 있는 주택 또는 토지를 관리·유지하면서 독립된 생계를 유지할 수 있는 경우
다만, 미성년자는 제외하되, 결혼·가족의 사망 등의 사유로 1세대의 구성이 불가피한 경우에는 예외로 합니다.
예컨대 자녀가 30세 이상이며 직장을 다니고 실제로 독립하여 살고 있는데, 결혼을 못했다는 이유로 1세대 인정을 안 할 수는 없습니다. 배우자가 사망하거나 이혼한 경우도 마찬가지입니다(30세 넘어서 결혼도 못했는데 세대 인정까지 못 받으면 너무 억울합니다).
결국 자녀가 독립적인 생계 유지가 가능하고 실제 독립을 하였다면, 30세 미만이라도 결혼 유무와 관계없이 별도 세대가 가능합니다. 참고로 2020년 기준 1인 가구 기준중위소득 40%는 월 70만원 정도입니다.

[질문] 대학생이나 대학원생의 아르바이트 수입으로 월 70만원 정도 버는데 독립세대가 가능한가요?

☞ 대학생이나 대학원생의 아르바이트 수입은 고정수입으로 볼 수 없어 별도 세대를 인정받지 못합니다. 반면 고등학교를 마치고 취업해서 고정수입이 있는 경우, 만 30세 미만이라도 별도 세대를 인정해 줍니다.

참고로 '입대 전 6개월 동안 아르바이트 등으로 최저생계비 정도의 수입을 올린 것만으로는 독립된 생계를 유지하였다고 볼 수 없다'고 본 사례가 있습니다.

4. 미성년자인 경우, 결혼이나 가족의 사망과 같은 사유가 없는 한 독립적인 생계를 유지한다고 할지라도 독립세대를 인정하지 않습니다.

[문제] 김절세 씨와 그의 아들인 김테크 씨는 각각 1채씩 주택을 보유하고 있습니다. 김절세 씨는 아들 김테크 씨 세대를 분리시킨 후 주택을 양도하였으며, 김테크 씨는 독립세대를 유지할 정도의 소득이 있습니다. 아들 김테크 씨의 나이가 25세인 경우와 17세인 경우로 구분하여 1세대 1주택 비과세를 받을 수 있는지 판단하시오.

☞ 자녀가 25세인 경우 : 성인이며 소득이 있으므로 세대를 분리하면 1세대 1주택 비과세를 받을 수 있습니다.

☞ 자녀가 17세인 경우 : 미성년자이므로 결혼이나 가족의 사망과 같은 사유가 없는 한 세대를 분리해도 동일한 세대로 봅니다. 미성년자가 소득이 있는 경우에도 마찬가지이며, 1세대 2주택으로 비과세 혜택을 받을 수 없습니다.

※ 미혼인 자녀를 독립세대로 분리한 경우 처리방법[1]

구분	미성년자	성인	
		30세 미만	30세 이상
세대 분리	결혼, 가족의 사망 등 세대 구성이 불가피한 경우가 아니면 세대 분리 불가능	소득이 일정 수준 이상이면 세대 분리 가능	소득에 관계 없이 세대 분리 가능

---

1) 양도소득세 실무교안(이철재, 한국공인회계사회)

▶▶ 오늘의 세금 상식 ◀◀

1. 1세대 1주택 비과세 적용 요건은 대한민국 성인 남녀라면 누구나 알고 있어야 하는 상식입니다.
   ① 거주자인 '1세대'가
   ② 국내에 '1주택'을 소유할 것
   ③ '2년 이상' 보유(조정대상지역은 2년 이상 거주)한 주택일 것
   ④ 미등기 양도 자산 및 고가 주택 등 제외 사유가 아닐 것

2. 1세대란 같은 주소에서 생계를 같이하는 '가족'을 말합니다.

3. 거주자와 배우자는 무조건 같은 세대로 봅니다. 1주택을 소유한 거주자와 1주택을 소유한 그 배우자가 세대를 분리한 경우에도 같은 세대이므로 1세대 2주택이 되며, 세대 분리는 의미가 없습니다.

4. 30세 미만 미혼 자녀의 경우, 독립세대를 인정받기 위해서는 일정 수준 이상의 소득이 반드시 있어야 합니다. 미성년자의 경우는, 소득이 있는 경우에도 혼인, 가족의 사망 등의 사유가 아니면 독립세대를 인정받지 못합니다.

04
세대 분리, 주민등록만 옮기면 인정되나요?

1. 세대의 판단 시기

세대의 판단 시기는 '양도일 현재'입니다. 양도일 현재를 기준으로 주민 등록 내용과 상관없이 실질적으로 생계를 같이하는지 여부에 따라 판단합 니다. 따라서 주택의 '취득 시' 또는 '양도계약 시'에 동일 세대원이더라도 '양도일'에 독립적 세대 요건을 갖추어 실질적으로 세대를 분리한 경우에 는 독립된 세대로 봅니다.

2. 예를 들어, 부모 명의로 주택 1채, 자녀 명의로 주택 1채가 있는 경우 에는 1세대 2주택이 됩니다. 이 상태에서 주택을 양도하면 1세대 1주택 비 과세를 받을 수 없습니다. 하지만 양도일 이전에 소득이 있는 (미성년자가 아 닌) 자녀가 1세대로 세대를 분리하면, 부모와 자녀가 각각 1세대 1주택자로 인정되어 비과세를 받을 수 있습니다.

3. 세대를 분리한다는 의미는 단순히 주민등록상 주소를 이전한다는 말 이 아닙니다.

위의 사례에서 1세대 1주택 비과세를 받기 위하여 전세 세입자를 내보 내 빈집으로 남기고, 자녀를 해당 주소로 주민등록을 이전시킵니다. 그런데 실제로 자녀는 빈집에서 살지 않고, 부모님과 예전처럼 동거하고 있습니다.

국세청에서 조사를 하는 경우, 자녀가 실제 어느 주소에서 거주하였는지를 조사할 수 있습니다. 교통카드 사용내역, 공과금 사용금액, 요즘은 통화 발신지 추적까지 하면서 실제로 자녀가 어디에 살았는지 검증합니다. 검증 결과 부모님과 동거한 것이 밝혀진다면, 세대 분리를 인정하지 않고 1세대 2주택으로 양도소득세를 부과합니다.

즉, 세대 분리란 형식적인 요건이 아니라 실질적으로 세대 분리를 하여야 하는 겁니다(실질과세의 원칙). 최소한 양도일 전 며칠만이라도 자녀는 해당 주택에 실제로 거주하면서 해당 주택에 거주하였다는 증거를 남겨야 합니다.

▶▶ 오늘의 세금 상식 ◀◀

1. 1세대 판정은 실질에 따라 판단합니다. 단순히 주민등록을 이전한 사실로 세대 분리를 인정받을 수 없습니다.

2. 부모와 자녀가 각각 1주택씩 있는 경우, 자녀를 세대 분리하면 각자 1주택으로 비과세가 가능합니다.

3. 자녀와 세대를 분리하기 위해서는 실제로 자녀가 해당 주소에서 거주하여야 하며, 자녀가 해당 주소에 실제로 살았다는 증거를 반드시 남겨야 합니다.

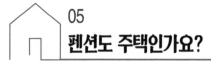

05
펜션도 주택인가요?

1세대 1주택 비과세 요건은 다음과 같습니다.

> ※ 1세대 1주택 비과세 요건
> ① 거주자인 1세대가
> ② 국내에 1주택을 소유할 것
> ③ 2년 이상 보유(조정대상지역은 2년 이상 거주)한 주택일 것
> ④ 미등기 양도자산 및 고가 주택 등 제외 사유가 아닐 것

이번 챕터에서는 1세대 1주택 비과세 요건 중 2번째 요건인 '1주택'에 대하여 알아보겠습니다.

1. 주택의 정의

소득세법상 주택은 허가 여부나 공적장부상 용도 구분에 관계없이 사실상 주거용으로 사용하는 건물을 말하며, 그 용도가 불분명한 경우에는 공적장부상 용도에 따릅니다.

즉, 주택은 건축물대장이나 등기부등본상 용도와 관계없이 실제 용도에 따라 주택 여부를 판정합니다(실질과세의 원칙).

2. 주택의 판정

주택의 판정 시기는 '양도일 현재'입니다. 즉, 취득 시에는 업무용이었으나, 양도 시 주거용으로 전환된 경우에는 주택으로 판정합니다.

➡ 『세법 적용, 취득일 기준? 양도일 기준?』편(71쪽) 참조

① 오피스텔

오피스텔은 대부분 건축법상 업무용으로 등록되어 있음에도 불구하고, 공적장부상 용도 구분에 관계없이 실제 용도에 따라 주택인지 판단합니다. 즉, 오피스텔의 내부구조, 형태 및 사실상 사용 용도 등을 종합하여 '상시 주거용'으로 사용하면 '주택'으로 보며, 상시 주거용으로 사용하지 않는 경우에는 주택으로 보지 않습니다.

[문제] 아파트 1채와 오피스텔 1채를 소유하고 있는 1세대가 오피스텔을 임대하던 중 아파트를 양도하였습니다. 양도한 아파트는 1세대 1주택 비과세 대상일까요?

☞ 아파트 양도 당시 임차인이 오피스텔을 주거용으로 사용하고 있으면 1세대 2주택이 되며, 업무용으로 사용하고 있으면 1세대 1주택 비과세 대상입니다.

② 기숙사

사업자가 아파트나 단독주택을 취득하여 기숙사로 사용하고 있는 경우에는 상시 주거용으로 사용되는 건물이므로 '주택'으로 봅니다. 그러나 공장 등에 딸린 건물을 합숙소로 사용하는 경우는 독립된 주거의 형태를 갖추지 못하였으므로 주택으로 보지 않습니다.

③ 펜션, 민박주택, 방갈로

숙박용역만을 제공하는 경우 주택으로 보지 않습니다. 그러나 건물 일부

를 평소 주택으로 사용하고 휴가철 일시 민박으로 제공하는 경우는 주택에 해당합니다.

④ 별장, 콘도

상시 주거용으로 사용하지 아니하고 휴양·피서 등으로 사용되는 건축물은 주택이 아닙니다.

⑤ 무허가 건물

주택은 허가 유무를 묻지 않고, 상시 주거용으로 사용되는 경우 주택입니다.

위의 예시를 보면, 해당 건물의 주택 여부는 결국 사실상 용도에 따라 결정됩니다.

▶▶ 오늘의 세금 상식 ◀◀

1. 주택은 주거용으로 사용하고 있는 건물을 말합니다. 건축물대장이나 등기부등본상의 용도와 관계가 없습니다. 실제 용도에 따라 주거용 여부를 판정합니다.

2. 오피스텔은 실질 용도에 따라 주택이 될 수도 있고, 주택이 아닐 수도 있습니다.

06
단독주택 구입 시
부수토지까지 확인해야 합니다

건물만 있는 주택은 거의 없습니다. 항상 토지 위에 주택이 지어지기 때문에, 통상적으로 주택 거래라 하면 '토지+주택'이 동시에 거래됩니다. 이처럼 해당 주택에 부수되는 토지를 '주택부수토지'라고 합니다.

1. 주택부수토지

① 주택부수토지도 주택을 소유한 세대가 소유하는 경우에는 주택의 일부분으로 봅니다. 즉, 1세대 1주택 비과세 요건을 충족하는 경우, 주택부수토지까지 주택으로 보아 같이 비과세를 적용받을 수 있습니다. 납세자 입장에서는 최대한 넓은 면적을 주택부수토지로 인정받는 것이 유리합니다.

② 주택부수토지는 해당 주택과 주거생활의 일체를 이루는 생활공간을 말하며, 사회통념상 '한 울타리 내에서 사용'하고 있는 토지로써, 등기부상 명의나 지번의 수에 상관없이 실질 사용에 의하여 판단합니다.

아파트의 경우에도 등기부등본(표제부)을 확인해 보면, 전용 건물 면적과 전용 토지(대지권) 면적이 구분되어 표시됩니다. 이러한 토지 부분이 주택부수토지에 해당하며 주택의 일부가 됩니다.

➠ 『보는 법이 이렇게 쉬웠어? — 등기부등본 1』편(45쪽) 참조

③ 당연하다고 여길 수 있지만 짚고 넘어가자면, 주택부수토지는 무한

히 인정하는 것은 아니며 한도가 있습니다. 도시지역 내에 소재하면 '주택정착면적'의 5배, 도시지역 외의 지역에 소재하면 10배를 한도로 봅니다. 단, 2022년 1월 1일 이후 양도분부터는 수도권 도시지역 내(주거·상업·공업지역)[2]에 소재하는 경우 한도가 3배로 축소됩니다.

지역 구분		2022.01.01 이전 양도분	2022.01.01 이후 양도분	
		모든 지역	수도권	수도권 밖
도시지역 내	주거·상업·공업 지역	5배	3배	5배
	녹지지역		5배	
도시지역 밖		10배	10배	

여기서 '주택정착면적'이란 수평투영면적(공중에서 내려다보았을 때 수평면상에 나타나는 전체 건물의 면적)을 말합니다.

[문제] 아래 그림에서 주택부수토지 한도는?(2022년 이전 양도 시)

(1층과 2층으로 구성되어 있으며, 1층의 일부분을 주차장으로 사용하고 있음)[3]

ⓐ 주택부수토지 : 600㎡(한 울타리 내에서 사용하고 있는 토지)

ⓑ 주택정착면적의 5배

ⅰ) 수평투영면적 : 100㎡(공중에서 내려다보았을 때 수평면상에 나타나는 면적)

---

2) 도시지역은 주거지역, 상업지역, 공업지역, 녹지지역으로 구분됩니다.

3) 양도소득세 실무교안(이철재, 한국공인회계사회)

ⅱ) 한도 : 100㎡ × 5배(도시지역) = 500㎡

ⓒ 주택부수토지 한도 : min(ⓐ, ⓑ) = 500㎡, 나머지 100㎡는 특별한 사정이 없는 한 비사업용토지에 해당함

④ 단독주택 중에는 주택부수토지를 이전 규정인 5배를 기준으로 건설한 사례가 많습니다. 이미 지어진 단독주택의 주택부수토지 면적을 바꿀 수도 없으며, 해당 규정을 소급적용하는 경우, 주택정착면적의 2배(5배 - 3배)만큼 주택으로 인정받지 못합니다. 또한, 해당 토지는 비사업용토지로 중과세율을 받을 확률이 높습니다. 과세관청에서 무리한 증세를 하다 보니 위헌적인 요소를 다소 포함하고 있습니다.

만약 단독주택을 구입할 계획이 있다면, 주택부수토지가 3배를 넘는지 반드시 살펴보아야 합니다. 참고로, 공동주택(아파트)의 경우에는 주택부수토지가 한도를 넘는 경우는 거의 없다고 보면 됩니다.

2. 겸용주택의 주택부수토지

① 주택과 상가가 동시에 있는 '겸용주택'의 경우에는 주택의 부수토지 산정방식은 다음과 같습니다.

▶ 『주택일까, 상가일까? ― 겸용주택(주택+상가) 1』편(152쪽) 참조.

	주택면적 > 주택 이외의 면적	주택면적 ≤ 주택 이외의 면적
건물	전부 주택	주택만 주택
주택의 부수토지	전부 주택부수토지로 봄 건물(주택+주택 이외) 정착면적 기준 한도 적용	주택면적과 주택 이외의 면적으로 안분계산 주택 정착면적 기준 한도 적용

주택 면적이 주택 이외의 면적보다 큰 경우에는 '주택 면적+주택 이외의 면적'을 모두 주택으로 봅니다. 그리고 주택부수토지의 기준이 되는 건물 면적이 '주택 면적+주택 이외의 면적'이 되며, 5배(도시지역 외 10배) 한도를 적용합니다.

반면에 주택 면적이 주택 이외의 면적보다 작은 경우에는 주택 면적만 주택으로 봅니다. 즉, 주택 이외의 면적은 주택으로 보지 않습니다. 그리고 주택의 부수토지 기준이 되는 건물 면적은 주택 면적만 적용됩니다.

즉, 전체 건물 면적에서 주택 면적이 차지하는 비율이 50%를 넘느냐, 넘지 않느냐에 따라서 건물의 면적뿐만 아니라 주택의 부수토지까지 영향을 받게 되는 것입니다.

[문제] 비과세 요건을 충족하는 겸용주택, 건물정착면적(주택+상가) 100㎡, 주택부수토지 800㎡(도시지역 소재)의 건물 구성이 다음과 같을 경우, 비과세 주택부수토지를 구하시오.

[상황1] 주택 면적 60㎡, 상가 면적 40㎡인 경우

[상황2] 주택 면적 40㎡, 상가 면적 60㎡인 경우

구분		[상황 1] 주택 면적 60m², 상가 면적 40m²인 경우	[상황 2] 주택 면적 40m², 상가 면적 60m²인 경우
건물	비과세	건물주택 100m² 전부 주택 (전부 주택)	주택 면적 40m² (주택만 주택)
	과세	없음	60m²(상가 부분)
토지	주택부수토지	800m²	800m² × 40m²/100m² = 320m²
	한도(5배)	100m² × 5 = 500m²	40m² × 5 = 200m²
	비과세 대상	500m²	200m²
	과세분	300m²	600m²

▐▶ 「주택일까, 상가일까? — 겸용주택(주택+상가) 1」편(152쪽) 예제와 동일하므로 예제에 대한 자세한 설명은 생략합니다. 해당 편에서 확인하세요.

위의 [상황1]과 [상황2]를 살펴보면, 주택과 상가 면적은 약간의 차이가 있을 뿐이지만 과세 부분과 비과세 부분은 엄청난 차이가 발생합니다. 즉, 겸용주택은 주택 면적에 따라 주택부수토지의 범위까지 변동하므로 주의하여야 합니다.

② 단, 2022.01.01 이후 양도분부터 고가 주택인 겸용주택(9억 초과)은 주택 부분만 주택으로 양도차익을 산정하도록 개정되었습니다.[4]

② 고가 겸용주택의 주택과 주택외 부분 과세 합리화(소득령 §160)

현 행	개 정 안
□ 실거래가 9억원 초과 겸용주택*의 양도소득금액 계산	□ 주택과 주택외 부분 분리하여 양도소득금액 계산
* 하나의 건물이 주택+주택외 부분으로 복합된 것	※ 주택 주택외 부분 연면적과 무관
○ 주택 연면적 ≤ 주택외 부분 연면적 : 주택부분만 주택으로 봄	○ (좌 동)
○ 주택 연면적 > 주택외 부분 연면적 : 전부를 주택으로 봄	○ 주택부분만 주택으로 봄

〈개정이유〉 9억원 초과 겸용주택은 주택과 주택외 부분을 분리하여 과세하도록 합리화
〈적용시기〉 '22.1.1. 이후 양도하는 분부터 적용

즉, 주택 면적이 주택 이외 면적보다 큰 겸용주택일지라도 양도가액이 9억이 넘는 경우, 주택 면적만 주택으로 봅니다.

---

4) 2019년 세법개정안 상세본(기획재정부. 2019.07.25) 참조

위의 문제 [상황1-주택 면적 60㎡, 상가면적 40㎡인 경우]에서 겸용주택 양도가액이 9억을 초과하는 경우, 2022년도 이후 양도분부터는 다음과 같이 주택과 주택부수토지의 비과세 면적이 바뀌게 됩니다.

구분		[상황 1] 주택 면적 60m², 상가 면적 40m²인 경우 (2022.01.01 이후 양도분)	[상황 1] 주택 면적 60m², 상가 면적 40m²인 경우 (2022.01.01 이전 양도분)
건물	비과세	주택 면적 60m² (주택만 주택)	건물 100m² 전부 주택 (전부 주택)
	과세	40m²(상가 부분)	없음
토지	주택부수토지	800m² × 60m²/100m² = 480m²	800m²
	한도	60m² × 3 = 180m²(3배)	100m² × 5 = 500m²(5배)
	비과세 대상	180m²	500m²
	과세분	620m²	300m²

주택 면적이 주택 이외 면적보다 더 크지만, 주택 면적만 주택으로 보며, 주택부수토지 한도가 5배에서 3배로 감소하기 때문에 과세 대상이 대폭 증가합니다.

1. 1세대 1주택 비과세 요건을 충족하는 경우, '주택부수토지'까지 주택으로 보아 비과세 적용이 가능합니다.

2. 주택부수토지는 한도가 있으니 단독주택을 매입하는 경우에는 건물뿐만 아니라 부수토지 면적이 얼마인지 꼼꼼히 살펴야 합니다.

3. 겸용주택(주택+상가)의 경우, 전체 건물에서 주택이 차지하는 비율이 50%가 넘는 경우와 50%가 넘지 않는 경우를 구분하여야 합니다. 또한 주택 면적에 따라 주택부수토지 범위까지 변동하니 주의해야 합니다.

07

1% 지분도 1주택입니다
— 공동소유주택

1세대 1주택 비과세를 받기 위해서는 '양도 당시'에 '1주택'이어야 합니다. 이번 챕터에서는 주택 수(數) 산정에 포함되는 주택과 포함되지 않는 주택에 대하여 알아보겠습니다.

1. 주택 수의 산정

주택 수는 '세대별'로 판단합니다. 등기나 물리적인 건물의 개수와는 관계없이 '1세대가 생활하는 주거 공간'인지가 판단 기준이 됩니다.

① 전통 한옥과 같이 물리적인 건물이 여러 개(안채, 별채, 사랑채 등)일지라도, 하나의 주거공간이라면 1주택으로 봅니다.

② 1주택을 여러 사람이 공동으로 소유하는 경우(공동소유주택), 공유자별로 각각 1주택을 소유한 것으로 봅니다(아래 상속으로 취득하는 주택은 제외). 공동소유주택을 소유하고 있는 분들 중에는 자신의 지분이 적으니(소수지분) 주택이 아니라고 생각하는 경우가 많은데, 지분이 조금이라도 있으면 1주택이 됩니다.

[문제] 3형제가 각각 독립된 세대이며, 각각 1주택을 보유하고 있습니다. 아버지가 주택 한 채를 지분 1/3씩 동일하게 증여하는 경우, 3형제의 주택 수는 어떻게 될까요?

☞ 3형제 모두 1세대 2주택이 됩니다.

단, 1주택의 공동소유자가 동일 세대일 경우, 1세대가 1주택을 소유한 것으로 봅니다. 예컨대 부부가 공동명의를 하는 경우에는 동일 세대이므로 1주택이 되는 것입니다.

③ 지분으로 상속된 상속 주택의 경우, 가장 많은 지분을 가진 한 사람의 것으로 봅니다.

➠ 「형은 안 내고 동생만 세금 내는 이유 — 상속 주택」편(247쪽) 참조

④ '분양권'은 주택 수에 포함되지 않지만, '입주권'은 주택 수에 포함됩니다(단, 2021년 1월 1일 이후 취득하는 분양권은 주택 수에 포함됩니다).

➠ 「취득하는 순간 모두 주택입니다-입주권과 분양권」편(167쪽) 참조

⑤ '오피스텔'은 양도 당시 '실질'에 따라 판단합니다. 즉, 양도 당시 업무용으로 사용하고 있으면 주택이 아니지만, 주거용으로 사용하고 있으면 주택 수에 포함됩니다.

특히 오피스텔의 경우, '업무용'으로 분양받았으나 임차가 여의치 않아 주거용으로 월세를 주는 경우가 많습니다. 이러한 경우, 이는 '주거용'으로 간주되어 '주택 수에 포함'되오니 주의하여야 합니다.

➠ 「펜션도 주택인가요?」편(184쪽) 참조

⑥ 다가구주택의 경우에는 단독주택이므로 원칙적으로 1주택이 되며, 다세대주택의 경우에는 공동주택이므로 세대별 구분등기가 되어 있는 경우에는 각각의 주택으로 봅니다.

즉, 다가구주택의 경우에는 구분등기가 불가능하기 때문에 건물 전체가 1주택이지만, 다세대주택의 경우에는 한 건물 내에서 구분등기가 가능하기 때문에 한 건물임에도 불구하고 多주택이 될 수 있습니다.

➠ 「다가구주택 VS 다세대주택」편(145쪽) 참조

2. 가끔 양도소득세를 상담하러 오는 분들 중, 본인이 가진 건축물은 당연히 주택이 아니라고 생각하여 아예 언급하지 않는 경우가 있습니다. 특히 오피스텔, 별장, 소수지분 주택, 소규모 주택, 농가 등의 건축물은 당연히 주택이 아닐 거라고 스스로 판단합니다. 결국 이런 잘못된 판단으로, 1세대 1주택 비과세를 받았던 것을 추후 1세대 2주택으로 중과 처분 받는 경우가 가끔 있습니다.

양도소득세 계산에서 주택 수의 산정은 매우 중요합니다. 반드시 양도소득세 상담 시에는 자신이 소유하고 있는 모든 건축물을 공개하여야 합니다.

1. 1세대 1주택 비과세를 받기 위해서는 원칙적으로 양도 당시 1주택을 보유하고 있어야 합니다(일시적 2주택 등 일부 예외 허용).

2. 오피스텔, 공동소유 주택, 농가 등 본인이 소유하고 있는 건물이 주택인지를 알고 있어야 합니다. 잘못 판단하여 당연히 주택이 아니겠지 하다가 1세대 1주택 비과세가 부인되어 양도소득세 중과를 받을 수 있습니다.

3. 공동소유하고 있는 주택을 주택 수에서 제외하면 안 됩니다. 소액의 지분이라도 주택을 소유하고 있다면 주택 수에 포함하는 것이 원칙입니다.

4. 2021년 이후에는 신규 취득하는 '분양권'도 주택 수에 포함됩니다.

5. 원칙적으로 다가구주택은 1주택이며, 다세대주택은 구분 등기된 경우 각각의 주택(多주택)으로 봅니다.

08
주택 보유기간,
동일세대라면 모두 합산합니다

1세대 1주택 비과세 요건은 다음과 같습니다. 여러 번 강조해도 지나치지 않습니다.

> ※ 1세대 1주택 비과세 요건
> ① 거주자인 1세대가
> ② 국내에 1주택을 소유할 것
> ③ 2년 이상 보유(조정대상은 2년 이상 거주)한 주택일 것
> ④ 미등기 양도자산 및 고가 주택 등 제외 사유가 아닐 것

이번 챕터에서는 1세대 1주택 비과세 요건 중 3번째 요건인 '보유기간'에 대하여 알아보겠습니다.

1. 1세대 1주택 비과세를 받기 위해서는 양도일 현재 1주택으로 2년 이상 보유하여야 합니다. 보유기간은 해당 자산을 취득한 날의 초일을 산입하여 양도한 날까지로 계산합니다.

2. 보유기간
① 재건축
재건축한 주택의 보유기간은 구(舊)주택의 보유기간과 신(新)주택의 보

유기간을 합산합니다. 이때 공사기간은 합산하지 않습니다. 단, 「도시 및 주거환경 정비법」에 의한 재개발·재건축의 경우에는 공사기간도 포함합니다.

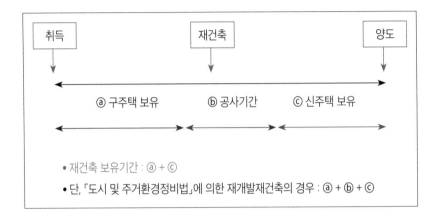

② 1주택 보유기간은 세대 단위로 판단합니다.

㉠ 남편 소유 주택을 배우자에게 증여한 경우, 남편와 배우자의 보유기간을 통산합니다. 부부는 동일세대이기 때문에 동일세대 보유기간을 모두 합산하는 것입니다.

㉡ 상속받은 주택의 경우, 피상속인(사망인)과 상속인(상속받는 자)이 상속 개시일 현재 '동일세대'이면 상속 개시 전 피상속인의 보유기간과 상속인의 보유기간을 합산하는 반면에, '별도세대'이면 '상속 개시일'부터 보유기간을 계산합니다.

③ 배우자에게 증여한 후 이혼한 경우

이혼에 의하여 세대가 분리되므로, 증여일부터 보유기간을 새로 계산합니다. 원칙적으로 부부간 증여는 남편과 배우자의 보유기간을 통산하지만, 양도일 현재 이혼으로 더 이상 동일세대가 아니므로, 최종 보유자가 보유한 기간만 보유기간으로 인정합니다.

④ 이혼으로 부동산 소유권이 이전된 경우

이혼 시 '위자료'에 갈음하여 대물변제 받은 주택의 경우

이혼하면서 실행한 '소유권이전등기 접수일(이혼 시 취득일)'부터 보유기간을 계산하며, '재산분할 청구권'으로 주택을 이전한 경우에는 '소유권을 이전해 준 배우자의 당초 취득일'부터 보유기간을 계산합니다.

⇒ 「'재산분할'로 준다는데 받으면 되는 건가요? — 이혼하면서 받기로 한 부동산」편(120쪽) 참조

⑤ 주택 및 주택부수토지가 모두 2년 이상인 경우

비과세 대상입니다. 단, 주택은 2년 이상 보유기간을 갖추었으나 주택부수토지가 2년 보유 요건을 갖추지 못한 경우에는, 주택 부분만 비과세되며 주택부수토지는 과세됩니다.

▶▶ 오늘의 세금 상식 ◀◀

1. 1세대 1주택 비과세를 받기 위해서는 양도일 현재 보유한 기간이 2년 이상이어야 합니다. 만약 조정지역일 경우에는, 2년 거주 요건 또한 충족하여야 합니다.

09
지난 주택 매각 시점까지 알고 있어야 합니다
— 강화된 보유기간

1세대 1주택 비과세를 받기 위해서는 양도일 현재 1주택으로 보유기간이 2년 이상이어야 합니다. 그런데 이번 세법 개정으로 2021.1.1 이후 양도분부터 2년 보유 규정이 훨씬 강화되었습니다.

1. 1세대 1주택 양도세 비과세 보유기간의 강화(2021.01.01 이후 양도분)[5]

① 2021.01.01 이후 양도분부터 1세대가 1주택 이상을 보유한 경우, 다른 주택들을 모두 양도하고 최종적으로 1주택만 보유하게 된 경우는 '최종적으로 1주택을 보유하게 된 날'부터 보유기간을 계산합니다.

[개정 전] (2020.12.31 이전 양도분)

다주택자가 다른 주택을 모두 매각하고 최종적으로 1주택만 남은 경우, 최종 1주택 매각 시 '최종 주택의 취득시기부터 보유기간 2년을 기산'하여 1세대 1주택 비과세를 적용합니다.

아래와 같이 거주자인 김절세 씨는 A, B, C 의 3주택을 보유하고 있습니다.

A와 B주택을 모두 매각하고(A주택 양도 시 3주택이므로 과세 대상, B주택 양도 시 2주택이므로 과세 대상), C주택만 남은 경우 C주택의 양도 시점에는 1주택

---

5) 2018년 세법 후속 시행령 개정안-문답자료-(기획재정부, 2019.01.08) 참조
  1세대1주택 비과세 판정 시 보유기간 계산 방법(기획재정부 재산세제과-194, 2020.02.18) 참조

(C주택)만 보유하고 있습니다. 이러한 경우 C주택은 1주택이며, C주택의 보유기간이 2년을 경과하였으므로 1세대 1주택 비과세를 받을 수 있습니다.

예를 들어 B주택을 2020.06.20에 매각하고, C주택을 2020.06.21에 매각하더라도 최종 주택(C주택)의 보유기간이 2년이 경과하였다면 2년 보유 요건을 충족합니다.

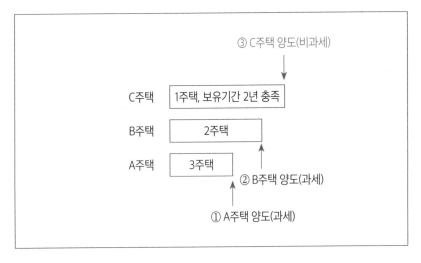

[개정 후] (2021.01.01 이후 양도분)

다주택자가 다른 주택을 모두 매각하고 최종적으로 1주택만 남은 경우, 최종 1주택 매각 시 '최종적으로 1주택만 보유하게 된 날부터 보유기간 2년을 기산'하여 1세대 1주택 비과세를 적용합니다.

즉, 아래 사례에서 최종 1주택인 C주택의 경우, 'C주택의 취득일(개정 전 규정)'이 아니고 '최종적으로 1주택이 된 날부터' 보유기간을 계산합니다. 따라서 B주택 처분일 다음날부터 C주택 보유기간을 새로 계산하게 됩니다 (최종 1주택 보유기간만 인정). 설사 C주택을 10년 전에 취득하였다고 할지라도, 최종 1주택이 된 기간이 2년이 안 될 경우에는 2년 보유 요건을 충족하지 못합니다.

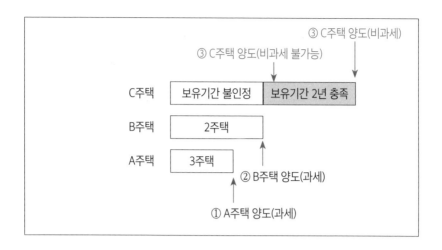

② 단, **일시적 2주택 비과세 요건을 충족하는 경우**에는 **개정된 규정을 적용하지 않습니다.** 즉, 개정 전 내용인 '최종 주택 취득시기'부터 보유기간을 계산합니다. 일시적 2주택 비과세 요건을 충족하는 경우는 부득이한 사유로 2주택을 보유하는 것으로 판단하여, 2주택임에도 불구하고 강화된 보유 요건을 적용하지 않습니다.

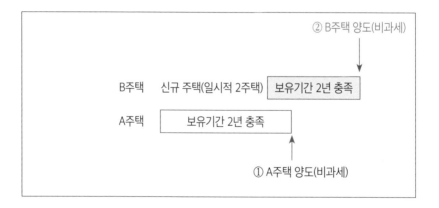

위의 사례에서 김절세 씨는 A주택을 보유하고 있는 상태에서 B주택을 취득하였습니다. 그리고 A주택을 일정 기간 내(1년~3년)에 매각하는 경우,

일시적 2주택으로 A주택 매각 시 2주택이지만, 비과세를 적용받을 수 있습니다.

추후 B주택 매각 시 먼저 매각한 A주택이 일시적 2주택 비과세 요건을 충족하는 경우에는 A주택과 B주택이 중복되는 기간을 인정하여 주며, 개정된 내용을 적용하지 않습니다. 즉, 최종 주택(B)의 보유기간은 '취득일'부터 계산하며, 2년을 충족하는 경우 비과세를 적용받을 수 있습니다.[6]

(17) 1세대 1주택 양도세 비과세 보유기간 요건 강화(소득령 §154⑤)

현 행	개 정 안
☐1세대1주택 양도소득세 비과세	☐ 보유기간 요건 강화
ㅇ (대상) 1세대가 양도일 현재 국내에 보유하고 있는 1주택	
ㅇ (요건) 2년 이상 보유	(좌 동)
- 조정대상지역 내 주택('17.8.3일 이후 취득)의 경우 보유기간 중 2년 이상 거주	
ㅇ (보유기간 계산) 해당 주택의 취득일부터 기산	
< 추 가 >	- 1세대가 1주택 이상을 보유한 경우 다른 주택들을 모두 양도하고 최종적으로 1주택만 보유하게 된 날로부터 기산 ＊ 일시적 2주택자나 상속 동거봉양 등 부득이한 사유로 인해 1주택 비과세를 받는 주택은 제외

〈개정이유〉 다주택자가 1주택자로 된 후 기간만 보유기간으로 인정하여 1세대 1주택 양도소득세 비과세 제도 합리화

〈적용시기〉 '21.1.1. 이후 양도하는 분부터 적용

③ 현재 일시적 2주택 비과세 규정은 소득세법 시행령 제155조, 제155조의 2, 제156조의 2에 규정하고 있습니다. 일시적 2주택 비과세 요건을 충족하는 경우, 양도 당시 2주택일지라도 1세대 1주택 비과세를 받을 수 있습니다. 또한 일시적 2주택 비과세 요건을 충족하는 경우, 최종 주택 보유기간 판단 시 강화된 보유 요건을 적용하지 않습니다(종전 규정 적용).

비과세 보유 요건 강화 예외 대상

시행령 155조	① 일시적 1세대 2주택 ② 상속으로 인한 2주택 비과세 ③ 혼인 및 동거봉양 합가로 인한 2주택 비과세 ④ 문화재주택, 농어촌주택, 이농주택, 귀농주택 비과세	양도세 비과세 적용 시 강화된 보유 요건을 적용하지 않음
시행령 155조 2	장기저당담보주택에 대한 1세대 1주택의 특례	
시행령 156조 2	주택과 조합원입주권을 소유한 경우 1세대 1주택의 특례	

위의 일시적 2주택 비과세 요건도 매우 중요한 사항이지만, 내용이 방대하여 나중에(제6장 2주택까지 비과세 받는 방법) 따로 설명하겠습니다.

---

6) 기획재정부 재산세제과–1132(2020.12.24.)에 따르면,
　① 2021.1.1일 현재 2주택 이상인 경우에는 다른 주택을 양도하고 최종 1주택이 된 경우, 최종 주택의 비과세 보유기간은 '최종 1주택이 된 날'부터 기산(강화된 보유기간 적용)하며,
　② 2021.1.1일 현재 1주택일 경우에 한하여 해당 주택을 양도하는 경우 개정 규정에도 불구하고 비과세 보유기간은 '해당 주택의 취득일'부터 기산(개정 전 규정 적용)합니다.

1. 2021.01.01 이후 양도분부터 1세대 1주택 보유기간이 강화됩니다. 위의 사례처럼 '최종적으로 1주택을 보유하게 된 날'부터 2년 이상 보유하여야 합니다.

2. 일시적 2주택 비과세에 해당하는 경우, 강화된 보유기간을 적용하지 않습니다. 2021년 이후 양도하는 경우, 보유기간이 복잡해질 수 있으니 반드시 전문가의 도움을 받기 바랍니다.

ps. 2021년부터 적용되는 강화된 1세대 1주택 보유기간 내용은 기초적인 부분만 설명하였습니다. 실제의 내용을 자세히 살펴보면 더 복잡하고 어렵습니다. 위의 예시처럼 간단한 사례가 아니라면, 보유기간을 직접 계산하지 말고 반드시 전문가를 찾아가길 권고 드립니다.

강화된 보유기간 규정은 전문가도 판단하기 힘든 사항이 많습니다. 사실 1세대 1주택 비과세 규정은 대한민국 성인이라면 누구나 알고 있어야 하는 상식인데, 이렇게 복잡하게 개정된 부분이 너무나 안타깝습니다.

10
취득 시점이 중요합니다
― 조정지역 2년 거주

조정대상지역의 경우, 1세대 1주택 비과세를 받으려면 2년 이상 보유와 함께 2년 이상 거주 요건을 충족하여야 합니다. 이번 챕터에서는 1세대 1주택 비과세 요건 중 '거주 요건'에 대하여 알아보겠습니다.

1. 취득 당시 조정대상지역에 있는 주택의 경우

해당 주택의 보유기간이 2년 이상이고, 그 보유기간 중 거주기간이 2년 이상인 경우에 한하여 1세대 1주택 비과세를 적용합니다.

조정대상지역	2017.09.19 이전 양도 시	2017.09.19 이후 양도 시
보유요건	2년	2년
거주요건	없음	2년

2. 2년 거주 요건은 '취득일 기준'

양도일 현재 조정대상지역 여부는 중요하지 않습니다. 즉, 취득 당시에는 비조정대상지역이었으나, 양도 당시에 조정대상지역이 된 경우에는 2년 보유 요건만 갖추어도 1세대 1주택 비과세를 받을 수 있습니다. 마찬가지로 취득 당시에는 조정대상지역이었으나, 양도 당시에 조정대상지역에서 해제된 경우에도 반드시 2년 거주 요건을 갖추어야 비과세 대상입니다.

⫸ 「세법 적용, 취득일 기준? 양도일 기준?」편(71쪽) 참조

3. 1세대 1주택 비과세 적용 시 거주기간은 '주민등록상의 전입일자부터 전출일까지'의 기간을 따르지만, '주민등록상의 거주기간'과 '실제 거주기간'이 다른 경우에는 거주자가 제출하는 '객관적인 증빙 자료에 의해 확인되는 실제 거주기간'으로 계산합니다. 즉, 거주기간도 '실질'에 따라 판단하는 것입니다(실질과세의 원칙).[7]

거주 확인이 가능한 객관적인 증빙 자료로는 본인 명의 전기·전화·수도 요금 내역서, 교통카드 사용내역, 신용카드 사용내역, 주소 확인이 가능한 우편물 등이 있습니다.

4. 임차하여 거주 중 취득한 경우의 거주기간은, 해당 주택의 취득일 이후 실제 거주한 기간만 인정합니다. 즉, 취득 전 임차인으로서 거주한 기간은 제외합니다.

---

7) 기획재정부 재산세제과-35(2021.01.14.)에 따르면,

① 2주택 이상을 보유한 1세대가 다른 주택을 양도하고 조정지역에 있는 주택만 남은 경우, 그 최종 주택의 1세대 1주택 비과세 특례를 적용받기 위하여 거주기간도 최종 1주택을 보유하게 된 날부터 새로 기산합니다.
예를 들면, 과거 최종 주택에 이미 2년 이상 거주한 사실이 있더라도 최종 1주택이 된 날부터 다시 2년 이상 거주하여야 1세대 1주택 비과세를 적용받을 수 있습니다.

② 즉, 1세대 1주택 비과세를 위한 보유기간을 취득일부터 기산하는 경우에는 거주기간도 취득일 이후 거주한 기간을 인정합니다. 반면에, 최종 1주택이 된 날부터 보유기간을 기산하는 경우에는 거주기간도 최종 1주택이 된 이후 2년을 거주해야 비과세를 적용받을 수 있습니다.

1. 취득 당시에 조정대상지역의 주택일 경우에는 2년 보유와 2년 거주 요건을 모두 충족하여야 합니다.

2. 거주 요건의 적용은 '취득 당시' 조정대상지역이어야 합니다. 양도 당시 조정대상지역이 해제되어 비조정대상지역일지라도, 취득 당시 조정대상지역이라면 반드시 2년 거주를 하여야 합니다.

3. 거주기간도 실질에 따라 판단합니다.

11
조정지역 공고 전 계약한 경우에도
2년 거주해야 하나요?

조정대상지역의 경우, 1세대 1주택 비과세를 받으려면 2년 이상 보유와 함께 2년 이상 거주 요건을 충족하여야 합니다. 하지만 일정 요건을 충족하는 경우, 2년 거주 요건을 배제할 수 있습니다.

1. 조정대상지역 공고 전에 취득한 주택인 경우

거주기간 요건은 '취득 당시' 기준으로 적용합니다. 따라서 조정대상지역 공고 전에 취득한 주택의 경우에는, 취득 당시 조정대상지역이 아니기 때문에 당연히 거주기간 요건을 적용받지 않습니다.

[사례] 서울의 주택을 2017.05.31에 취득하였을 경우, 2년 거주 요건을 적용받나요?

☞ 서울의 경우 2017.08.03에 조정대상지역으로 지정되었기 때문에 이전에 취득한 주택의 경우 거주 요건의 제한을 받지 않습니다.

2. 조정대상지역 공고 이전에 매매계약을 체결하고 계약금을 지급한 사실이 증빙서류에 확인되는 경우(단, 거주자가 속한 1세대가 계약금 지급일 현재 무주택자여야 함)

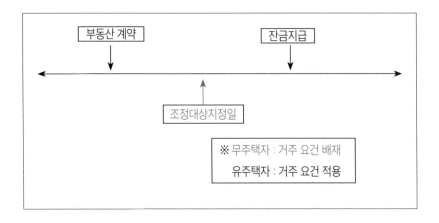

위의 그림을 보면, 주택 매수 계약일 당시에는 조정대상지역이 아니었으나, 잔금 지급 시에는 조정대상지역으로 지정된 것을 알 수 있습니다. 부동산의 취득시기는 잔금지급일이 기준이기 때문에 위의 사례는 '취득 당시(잔금지급일)'에는 조정대상지역이 됩니다.

하지만 계약 체결 당시 조정대상지역이 될 것인지 모르고 계약한 거주자를 보호하기 위하여, 조정대상지정이 되기 전에 계약을 체결하고 계약금을 지급한 경우에는 2년 거주 요건을 배제합니다. 여기서 주의할 점은, 계약금을 지급할 당시 반드시 무주택자이어야 한다는 것입니다. 만약 계약금을 지급할 당시 유주택자인 경우에는 위의 규정을 적용하지 않으며, 2년 거주 요건을 적용합니다.

3. 임대주택에 대한 거주기간 특례

거주자가 해당 주택을 소득세법상 '사업자등록'과 민간임대주택법에 따른 '임대사업자등록'을 한 경우에는 거주기간 제한을 받지 않습니다. 단, 임대의무기간(4년 또는 8년)을 채우지 못하고 양도하거나, 임대료 증액한도(연 5%)를 초과하는 경우에는 제외합니다.

구분	단기임대(4년)	장기임대(8년)	적용 요건
양도소득세 (처분 시)	조정대상지역 1세대 1주택 2년 거주 요건 배제		1. 의무임대기간(단기 : 4년 이상, 장기 : 8년 이상) 준수 2. 임대료 증액 제한(연 5%) 준수

이전에는 조정지역에 주택을 취득하였다고 할지라도, 임대주택으로 등록만 하면 거주 요건 2년을 면제받을 수 있었습니다. 의무임대기간과 증액제한(연 5%)만 지키면 주택의 금액이나 면적 제한 없이 2년 거주 요건을 면제받는 제도로, 실거주를 할 수 없는 투자자에게는 굉장히 유익한 제도였습니다.

그러나 2019년 12월 16일에 발표한 '주택시장 안정화 방안'에 의해 2019년 12월 17일부터는 조정대상지역 내 신규 임대등록주택은 거주 요건 2년을 충족하여야 1세대 1주택 비과세 혜택을 받을 수 있게 변경되었습니다.

④ 등록 임대주택에 대한 양도소득세 비과세 요건에 거주요건 추가

☐ (현행) 조정대상지역 내 **1**세대 **1**주택은 보유기간과 거주기간이 **2**년 이상인 경우 9억원까지 비과세 혜택을 받을 수 있으나,

   o 「소득세법」과 「민간임대주택법」에 따른 임대사업자등록을 한 경우 거주기간의 제한을 받지 않고 비과세 혜택을 받을 수 있음*

     * 임대등록한 주택은 1주택자라도 양도소득세 비과세 거주요건(2년)을 적용하지 않아 주택 매입 후 임대등록하면 거주하지 않아도 양도소득세 비과세되는 문제(비등록 1주택자와 형평성 문제)[8]

☐ (개선) 조정대상지역 내 등록 임대주택도 거주요건 **2**년을 충족하여야 **1**세대 **1**주택 비과세 혜택

☐ (적용시기) **12.17**일(대책 발표일 다음날)부터 새로 임대 등록하는 주택에 적용

---

8) 주택시장 안정화 방안(관계부처 합동. 2019.12.16) 참조

25. 12.16일 이전 구입한 주택(분양권 또는 조합원입주권 매입 포함)을 12.17일 이후 임대주택 등록을 하는 경우 1세대1주택 양도소득세 비과세 적용을 위해 거주요건이 적용되는지?

□ 임대사업자의 1세대1주택 비과세요건에 추가되는 <u>거주요건은 12.17일 이후 신규로 사업자등록·임대사업자등록을 하는 주택부터 적용</u>[9]

ㅇ 따라서 <u>12.16일 이전에 구입한 주택의 경우에도 12.17일 이후에 임대등록하는 경우 거주요건 적용</u>

즉, 2019년 12월 16일 이전에 사업자등록과 임대사업자등록을 신청한 경우에 한하여 거주 요건이 면제되는 것입니다.

[질문] 분양권 취득 당시에는 비조정대상이었으나, 아파트 등기 시점에는 조정대상지역이 된 경우, 2년 거주를 하여야 할까요?

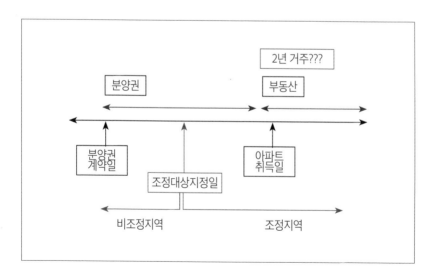

---

9) 주택시장 안정 방안 Q & A(관계부처 합동. 2019.12) 참조

2020.06.17 대책에서 수도권 대부분이 조정지역으로 지정되면서 기존 비조정 분양권을 소유한 분들에게 위와 같은 질문을 많이 받습니다.

위와 같은 경우는 앞에서 살펴본 '2. 조정대상지역 공고 이전에 매매계약을 체결하고 계약금을 지급한 사실이 증빙서류에 확인되는 경우'에 해당합니다. 즉, '분양권 계약일'이 매매 계약일이 되고, '부동산 잔금일'이 부동산 취득시기가 됩니다. 따라서 부동산 취득 당시(잔금일)에는 조정지역이기 때문에 2년 거주 요건을 충족하여야 합니다.

단, 조정대상지정이 되기 전에 분양권 계약을 체결하고, 계약금을 지급한 무주택자에 한하여 2년 거주 요건을 배제합니다. 물론 분양권 계약 당시 무주택자가 아닌 경우 2년 요건을 충족하여야 합니다.

▶▶ 오늘의 세금 상식 ◀◀

1. 조정대상지역 지정 전에 취득한 주택은 2년 거주 요건을 적용하지 않습니다.

2. 조정대상지역 지정 전에 계약금을 지급한 '무주택자'의 경우에는 잔금 지급 시 조정대상지역이 된 경우라도 2년 거주 요건을 적용하지 않습니다.

12
학교 폭력으로 전학 가는 경우
1년 이상만 거주하면 됩니다

1세대 1주택 비과세를 받기 위해서는 2년 보유(조정지역의 경우 2년 거주) 요건을 반드시 충족하여야 합니다. 하지만 부득이한 사유가 있는 경우에는 2년 이상 보유 또는 거주하지 않아도 비과세를 적용해 주는 경우가 있습니다.

다음과 같은 부득이한 사유가 있는 경우는 보유 및 거주 기간의 제한을 받지 않으며, 1세대 1주택으로 비과세를 받을 수 있습니다.

1. 5년 이상 거주한 건설임대주택 분양 전환 후 양도

임대주택(민간임대주택법 제2조 제2호에 따른 민간건설임대주택 또는 공공주택 특별법 제2조 제1호의 2에 따른 공공건설임대주택)을 취득하여 양도하는 경우로써 당해 건설임대주택의 '임차일부터 당해 주택의 양도일까지' 거주기간이 5년 이상인 경우 보유 및 거주 기간의 제한이 없습니다.

원칙적으로 주택의 보유기간과 거주기간은 '소유권 취득 후'를 기준으로 계산합니다. 하지만 임대주택에서 오랫동안 거주하다가 해당 임대주택을 분양 취득할 경우 '임차일부터' 해당 기간을 특례로 인정해 주는 것입니다. 즉, 임대주택을 취득하여 바로 다음날 매각하더라도(2년 미만 보유) 임차일부터 양도일까지 5년이 넘는다면 보유 및 거주 기간 요건을 적용하지 않습니다.

2. 공공사업용으로 양도 또는 수용되는 경우

'사업인정고시일 전'에 취득한 주택 및 부수토지가 <공익사업을 위한 토지 등의 취득 및 보상에 관한 법률>에 의하여 수용되는 경우에는 보유 및 거주 기간 요건을 적용받지 않습니다. 즉, 국가에 수용되는 주택 등은 비자발적인 양도이므로 보유 및 거주 기간을 적용하지 않습니다.

3. 해외 이주 또는 해외 장기 거주 등으로 세대 전원이 출국하는 경우

1세대 1주택인 거주자가 '출국일 기준 1주택을 보유'하면서 해외이주법에 의한 해외 이주로 '세대 전원'이 출국하는 경우, 또는 1년 이상 국외 거주를 필요로 하는 취학·근무 등의 사정으로 '세대 전원'이 출국하는 경우, '출국일로부터 2년 이내에 양도'하는 주택은 보유 및 거주 기간에 관계없이 1세대1주택 비과세를 적용할 수 있습니다. 단, 세대 전원이 출국하여야 하며, 세대원 중 일부만 출국한 경우에는 양도소득세가 과세됩니다.

가족이 전부 이민을 가거나 1년 이상 가족이 전부 해외로 나가는 경우에는 부득이하게 주택 등의 부동산을 처분할 수밖에 없습니다. 이에 보유 및 거주 기간을 적용하지 않으나, 반드시 출국일로부터 2년 이내에 양도를 하여야 합니다.

4. 취학 등 부득이한 사유로 다른 시군으로 이전하는 경우

세대 전원이 1년 이상 거주한 주택을 다음 중 어느 하나에 해당하는 사유로 다른 시군으로 주거를 이전하면서 양도하는 경우에는 보유 및 거주 기간 요건을 적용하지 않습니다.

① 초중등교육법에 의한 학교 및 고등교육법에 의한 학교로 진학하는

경우

취학에 의한 이전 사유에 해당합니다. 고등학교, 대학교, 대학원 등이 적용되며, 의무교육(초등학교, 중학교)은 적용되지 않습니다.

② 직장의 변경이나 전근 등 근무상의 형평

새로운 직장에 취업하거나 전보되는 경우에 해당합니다.

③ 1년 이상의 치료나 요양을 필요로 하는 질병의 치료 또는 요양

치료를 목적으로, 자연환경이 좋은 곳이나 병원이 가까운 곳으로 이전하는 경우입니다.

④ 학교폭력예방법에 따른 학교 폭력으로 인한 전학

학교폭력대책자치위원회가 피해 학생에게 전학이 필요하다고 인정받는 경우에 한합니다.

위와 같은 사유로 이전하는 경우는 보유 및 거주 요건을 적용하지 않으나, 반드시 '1년 이상 거주'한 주택이어야 합니다. 그리고 국세청 예규를 보면 질병 요양으로 이전을 하였으나, 새로운 주소가 이전 주소보다 병원이 먼 경우 등은 부득이한 사항으로 인정하지 않습니다. 통학이나 직장의 이전 등도 마찬가지입니다.

취학 등 부득이한 사유로 이전하는 조건의 정당성은 종합적으로 판단하여야 하며, 납세자가 소명해야 하니 반드시 사전에 담당자와 확인한 후 이전하여야 합니다.

1. 임대주택에서 5년 이상 거주한 분은 해당 임대주택을 분양받고 바로 매각 하더라도 보유 및 거주 요건을 적용받지 않습니다.

2. 국가에 수용되는 부동산의 경우, 비자발적인 양도로 간주하여 보유 및 거주 요건에 적용받지 않습니다.

3. 취학, 직장, 질병, 학교 폭력 등의 사유로 이사하는 경우, 보유 및 거주 기간 요건 적용 여부는 종합적으로 판단해야 합니다. 납세자가 이를 증명해야 하 므로 이사 전에 담당자와 확인해 보기를 권장합니다.

ps. 지금까지 '1세대 1주택 비과세'에 대하여 알아보았습니다. 앞에서도 강조 하였듯이 '1세대 1주택 비과세' 규정은 대한민국 성인이라면 필수로 알아야 하 는 상식입니다. 그래서 다른 챕터보다 조금 더 자세히 깊은 내용까지 서술하였 습니다.

내용이 어렵나요? 최근 몇 년간 잦은 세법 변동으로 이전보다 많이 복잡해졌 고, 시간이 갈수록 1세대 1주택 비과세를 받는 조건들이 까다로워지고 있습니 다. 정말 1세대1주택 비과세 규정을 이렇게 복잡하게 만들어도 되는 것일까요?

ps. 다음 장에서는 '일시적 2주택'에 대하여 알아보겠습니다. '일시적 2주택' 의 내용은 '1주택' 요건의 특례로써 '1세대 1주택 비과세'의 연장선이라고 할 수 있습니다.

물론 이 또한 대한민국 성인이라면 누구나 알고 있어야 하는 내용입니다.

13
고가 주택은 비과세가 없습니다

이번 챕터에서는 세무상 고가 주택에 대하여 알아보겠습니다.

1. 고가 주택이란?

세무상 고가 주택이란 무엇일까요? 수영장이 있는 집? 실내에 엘리베이터가 있는 집? 아닙니다. 세무상 고가 주택의 개념은 생각보다 단순합니다.

세무상 고가 주택이란 주택 및 주택부수토지의 양도 당시 실지거래가액의 합계액이 9억을 초과하는 주택을 말합니다. 여기서 기억할 것은, 세무상 고가 주택의 경우에는 1세대 1주택 비과세 규정을 적용하지 않는다는 사실입니다. 즉, 양도차익이 조금이라도 있다면 무조건 양도소득세를 납부하여야 합니다.

그렇다면 1세대 1주택 비과세 요건을 충족하는 8.9억인 주택과 9.1억인 주택의 경우에는 양도소득세 차이가 어마어마하겠네요? 그렇지는 않습니다.

정확히 표현하자면 1세대 1주택 비과세 규정은 9억까지만 적용하고, 9억을 초과하는 부분은 적용하지 않습니다. 9.1억 주택의 경우, 9억까지는 비과세 규정을 적용하고, 9억을 초과하는 0.1억에 대해서만 과세하기 때문에 세금 차이는 많이 나지 않습니다.

2. 고가 주택의 판단

① 공동소유주택의 경우

소유지분에 관계없이 1주택 전체를 기준으로 고가 주택 여부를 판단합니다. 예를 들어 10억의 아파트를 부부 공동소유로 되어 있다고 하여 각각 5억으로 고가 주택을 피할 수는 없습니다.

② 겸용주택의 경우

주택 면적이 주택 외의 면적보다 큰 경우에는(주택 > 주택 외) '주택 외 부분 가액이 포함된 전체 건물의 실지거래가액'을 기준으로 판정합니다.

반면, 주택 면적보다 주택 외의 면적이 큰 경우에는(주택≤주택 외) 주택 외 부분은 주택으로 보지 않으며, '주택 부분과 그 부수토지만'으로 고가 주택을 판정합니다.

③ 부담부증여의 경우

증여받는 자가 인수하는 채무액이 9억 미만에 해당하더라도, 전체 주택 가액이 9억을 초과하면 고가 주택이 됩니다. ➠ *「고위공직자도 하는 양도와 증여의 절세스킬 — 부담부증여」편(125쪽) 참조*

3. 고가 주택 특례

일반적인 양도소득세 계산 순서는 다음과 같습니다.

➠ *「양도소득세 과세체계」편(78쪽) 참조*

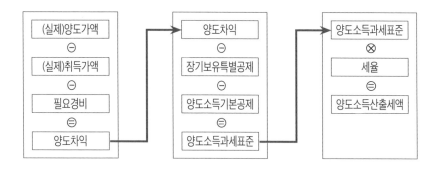

(1) 고가 주택의 경우, 실제 양도가액에서 9억까지만 비과세되며, 9억을 초과하는 부분은 과세가 되기 때문에 '양도차익'과 '장기보유특별공제'에서 다음과 같이 특례가 적용됩니다. 즉, 전체 양도차익에서 9억을 초과하는 비율만큼만 과세가 됩니다.

① 양도차익

$$\text{과세 대상 양도차익} = \text{전체 양도차익} \times \frac{\text{양도가액} - 9\text{억 원}}{\text{양도가액}}$$

② 장기보유특별공제액

$$\text{공제 대상 장기보유특별공제액} = \text{전체 장기보유특별공제액} \times \frac{\text{양도가액} - 9\text{억 원}}{\text{양도가액}}$$

[문제] 김절세 씨가 1세대 1주택 비과세 요건을 충족하는 주택을 다음과 같이 양도하였을 경우, 양도소득과세표준을 구하시오.

- 취득일 : 2003.05.31
- 양도일 : 2019.06.30(보유기간 : 16년 1개월, 장기보유특별공제율 80%)
- 양도가액(실가) : 12억
- 취득가액(실가) : 7억

- 자본적 지출 및 양도 비용(각종 수리비용 및 중개사수수료) : 1억

위의 사례를 보면, 양도가액이 9억을 초과하였으므로 고가 주택에 해당합니다. 그러나 고가 주택이라고 해서 전체 양도차익이 4억(12억 - 7억 - 1억) 발생하였다고 하여 4억에 대하여 전부 과세하는 것은 아닙니다. 실제로 과세되는 부분은 양도가액 12억 중에서 9억을 초과하는 3억입니다. 즉, 전체 양도차익이 4억 발생하였으나, 1억(4억×3/12)의 양도차익만 과세가 되며, 장기보유특별공제도 마찬가지로 적용이 됩니다.

구분	계산 내역	금액
전체 양도차익	(12억 - 7억 - 1억) =	4억
9억 초과 비율(과세 대상)	(12억 - 9억) / 12억 =	3/12(25%)
과세 대상 양도차익	전체 양도차익 × 9억 초과비율 =	1억
장기보유특별공제	과세 대상 양도차익 × 80% =	0.8억
양도소득금액	과세 대상 양도차익 - 장기보유특별공제 =	0.2억
양도소득기본공제		250만원
양도소득과세표준		1,750만원

위의 표를 보면 양도가액 12억, 양도차익이 4억이나 발생하였으나, 과세표준은 1,750만원입니다. 12억짜리 집을 팔아 4억이나 남았는데, 세금이 몇 백만원도 안 나옵니다. 역시 1세대 1주택 비과세 규정은 엄청난 혜택입니다.

(2) 장기보유특별공제는 ①1세대 1주택과 ②1세대 1주택 외 부동산으로 나누어 다음과 같이 공제합니다.

▮➡ 「이제는 거주까지 하여야 합니다 — 장기보유특별공제」편(90쪽) 참조

보유기간	1세대 1주택 주택 공제율	보유기간	그외 부동산 공제율
3년 이상 4년 미만	24%	3년 이상 4년 미만	6%
4년 이상 5년 미만	32%	4년 이상 5년 미만	8%
5년 이상 6년 미만	40%	5년 이상 6년 미만	10%
6년 이상 7년 미만	48%	6년 이상 7년 미만	12%
7년 이상 8년 미만	56%	7년 이상 8년 미만	14%
8년 이상 9년 미만	64%	8년 이상 9년 미만	16%
9년 이상 10년 미만	72%	9년 이상 10년 미만	18%
10년 이상	80%	10년 이상 11년 미만	20%
		11년 이상 12년 미만	22%
		12년 이상 13년 미만	24%
		13년 이상 14면 미만	26%
		14년 이상 15년 미만	28%
		15년 이상	30%

고가 주택의 경우에도 마찬가지로 적용되며 1세대 1주택 외 부동산은 15년 이상 보유 시 최대 30%, 1세대 1주택일 경우에는 10년 이상 보유 시 최대 80%까지 장기보유특별공제를 받을 수 있습니다.

단, 2020.01.01 이후 양도분부터 1세대 1주택 장기보유특별공제를 적용받기 위해서는 조정대상지역 여부를 불문하고, 보유기간 중 거주기간이 2년 이상이어야 합니다. 만약 2년 거주 요건을 충족하지 못한다면, 1세대 1주택 장기보유특별공제(최대 80%)를 받을 수 없으며, 그 외 부동산으로 분류되어 최대 30%까지만 받을 수 있습니다.

(3) 2021년 1월 1일 이후 양도분부터 개정된 장기보유특별공제 규정이 적용됩니다.

□ 1세대 1주택자 장기보유특별공제에 거주기간 요건 추가

(현행) 1세대 1주택 고가 주택은 거주 2년만 하면 보유기간에 따라 최대 80% 장특공제율 적용
(개정) 2년 이상 거주 시 연 8%의 공제율을 보유기간 연 4%, 거주기간 연 4%로 구분 적용

보유기간		2년 이상	3년 이상	4년 이상	5년 이상	6년 이상	7년 이상	8년 이상	9년 이상	10년 이상
1주택 (2년 이상 거주 시)	거주	8% (보유3년 이상 적용)	12%	16%	20%	24%	28%	32%	36%	40%
	보유	-	12%	16%	20%	24%	28%	32%	36%	40%
다주택 또는 2년 미거주		-	6%	8%	10%	12%	14%	16%	18%	20~30%

(적용시기) '21.1.1. 이후 양도하는 분부터 적용

위의 개정안을 보면 장기보유특별공제율을 ①보유기간과 ②거주기간으로 구분합니다.

그리고 보유기간별 공제율과 거주기간별 공제율을 합산하여 장기보유특별공제율을 적용합니다.

▶▶ 오늘의 세금 상식 ◀◀

1. 세무상 고가 주택이란 실거래가액이 9억을 초과하는 주택을 말합니다.

2. 9억 이상의 주택을 양도하는 분들은 항상 양도소득세 신고를 해야 합니다. 해당 고가 주택에서 1주택으로 오래 거주하였다고 하여 당연히 비과세라고 생각하면 안 됩니다.

3. 9억이 넘는 주택을 취득하였다면 관련 비용에 관한 증빙을 무조건 보관하여야 합니다. 양도가액 9억 이하 1세대 1주택 비과세의 경우에는, 설사 증빙을 챙기지 못하였더라도 어차피 비과세이기 때문에 큰 불이익이 없습니다. 그러나 고가 주택의 양도차익이 발생하는 경우, 예외 없이 무조건 양도소득세가 발생합니다. 부동산 복비, 각종 수리비 등의 적격 증빙을 보관하여 양도소득세를 조금이라도 줄이기 바랍니다.

4. 고가 주택이라고 하더라도 양도가액 9억까지는 비과세입니다. 9억 초과분에 대해서만 양도소득세가 발생하니 너무 부담을 갖지 않아도 됩니다.

ps. 고가 주택 기준은 2008년도의 기존 6억에서 9억으로 상향된 것입니다. 서울의 경우 최근 주택 중위가가 9억이 넘는 경우가 많아 고가 주택의 가액이 너무 낮다는 생각도 듭니다. 개인적으로는 최소 15억 정도로 상향시켜야 하지 않을까 싶습니다.

그러나 현재 정책 당국의 세법 개정 추세를 고려하면 그럴 가능성이 희박할 것으로 예상됩니다. 기존의 감면 등을 축소하고, 장기보유특별공제를 까다롭게 만드는 등 부동산 관련 세금을 대폭적으로 증가시키고 있습니다.

오히려 1세대 1주택 비과세를 축소하는 경향이 강하며, 상당 기간 동안 고가 주택 기준 금액 상향은 힘들 것으로 판단됩니다.

제6장

2주택까지
비과세 받는 방법

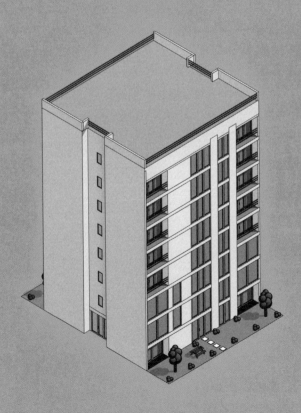

01
2주택도 비과세 받을 수 있습니다
— 일시적 2주택 비과세

앞의 장에서는 '1세대 1주택 비과세'에 대하여 알아보았습니다. 이번 장에서는 2주택임에도 불구하고 비과세가 적용되는 사항을 알아보겠습니다.

일반적으로는 신규 주택을 먼저 취득한 후에 새 집으로 이사를 가고, 종전 주택을 나중에 팔게 됩니다. 실제로 종전 주택 양도 시에는 신규 주택과 종전 주택 2채를 보유하게 되어 1세대 2주택이 됩니다. 그렇다면 1세대 1주택 비과세를 못 받는 건가요?

1세대 1주택을 충족하기 위해서는 기존 주택 양도일과 신규 주택 취득일을 동일 날짜로 일치시켜야 하는데, 현실적으로 거의 불가능합니다. 그렇다고 신규 주택 취득 전에 기존 주택을 양도하면, 그 사이 우리 가족은 어디에서 살아야 하나요?

위와 같이 불가피하게 2주택을 소유하는 경우, 일정 요건을 충족하면 1주택 비과세를 적용해 주는 것이 '일시적 2주택 비과세' 제도입니다.

현재 일시적 2주택은 소득세법 시행령 제155조, 제155조의 2, 제156조의 2에 규정하고 있으며, 일시적 2주택 요건을 충족하는 경우, 양도 당시 2주택일지라도 1세대 1주택 비과세를 적용받을 수 있습니다.

이번 챕터에서는 시행령 155조 ① 일시적 1세대 2주택에 대하여 알아보겠습니다.

[1세대 2주택 특례]

시행령 155조	① 일시적 1세대 2주택
	② 상속으로 인한 일시적 2주택
	③ 혼인 및 동거봉양 합가로 인한 2주택 비과세
	④ 문화재주택, 농어촌주택, 이농주택, 귀농주택 비과세
시행령 155조 2	장기저당담보주택에 대한 1세대 1주택의 특례
시행령 156조 2	주택과 조합원입주권을 소유한 경우 1세대 1주택의 특례

1. 일시적 1세대 2주택

'1세대 1주택 비과세'를 받기 위해서는 양도 당시 주택이 1채여야 합니다. 하지만 일시적으로 주택이 2채인 경우에도 비과세가 적용될 수 있으며, 이를 '일시적 1세대 2주택'이라고 합니다.

2. 일시적 1세대 2주택 비과세 요건

일시적 1세대 2주택 비과세를 적용받기 위해서는 다음의 요건을 모두 충족하여야 합니다.

> ※ 일시적 1세대 2주택 비과세 요건
>
> ① 종전 주택의 취득일로부터 '1년' 이상 지난 후 신규 주택을 취득할 것
> ② 종전 주택의 보유기간 '2년' (조정대상지역은 2년 이상 거주) 요건을 갖출 것
> ③ 신규 주택을 취득한 날부터 '3년'(1년, 2년) 이내 종전 주택을 양도할 것

복잡해 보이지만 쉽게 설명하자면, 흔히 일시적 2주택 비과세 규정을

'123 법칙'이라고 합니다.

A가 먼저 산 주택(종전 주택), B를 나중에 산 주택(신규 주택)이라고 가정합시다.

'1의 법칙' : A를 사고 B를 '1년'이 지난 후 사야 합니다.

　　　　→ 위 표의 ①번 규정

'2의 법칙' : A를 '2년'이상 보유(또는 거주)해야 합니다.

　　　　→ 위 표의 ②번 규정

'3의 법칙' : B를 사고 A를 '3년' 이내에 양도해야 합니다.

　　　　→ 위 표의 ③번 규정

위의 123 법칙을 모두 충족하여야 비과세가 가능합니다.

이번 정부가 들어서기 전까지만 해도 위의 '123법칙'만 알면 일시적 2주택 요건을 쉽게 충족시켜 비과세를 받을 수 있었습니다. 그런데 최근의 부동산 정책 강화로 점점 더 비과세 받는 부분이 까다로워지고 있으며, 조건이 점점 복잡해지고 있습니다. 더 자세한 내용은 다음 챕터에서 다시 설명하겠습니다.

02
요건부터 충족하여야 합니다
― 1세대 1주택 비과세

앞의 챕터에서는 일시적 2주택 비과세 요건에 대하여 간단히 설명하였습니다. 일시적 2주택 비과세를 받기 위해서는 '123법칙'을 잘 지키면 됩니다.

그런데 '123법칙'을 지키기 이전에 전제 조건으로 선행되어야 할 조건들이 있습니다. 이번 챕터에서는 '123법칙'을 충족하기 이전에 선행되어야 하는 조건들에 대하여 알아보겠습니다.

> ※ 일시적 1세대 2주택 비과세 요건 '123법칙' 이전에 선행되어야 할 조건
> ① 일시적 2주택이어야 하며, 종전 주택 양도 후 일시적 2주택 상황이 해소되어야 함
> ② 종전 주택이 1세대 1주택 비과세 요건을 갖출 것

1. 일시적 2주택이어야 하며, 종전 주택 양도 후 일시적 2주택 상황이 해소되어야 합니다.

일시적 2주택은 일시적으로 '2주택'이 되었을 경우에 적용합니다. 즉, 1세대 3주택은 원칙적으로[1] 비과세가 적용될 수 없으며, 3주택자가 1주택을 먼저 양도하고 남은 2주택이 일시적 2주택 요건을 갖춘 경우 비과세를 받을 수 있습니다. 무엇보다 종전 주택을 양도한 후 일시적 2주택이 해소되어 1주택이 되어야 합니다.

---

1) 1세대 3주택은 원칙적으로 비과세가 적용될 수 없지만, 상속·혼인·임대주택 등의 사유로 3주택 모두 비과세가 되는 예외적인 경우도 있습니다.

[문제 1] A주택을 2017.06.01에 취득, B주택을 2018.07.15에 취득하였습니다. 신규 취득한 B주택을 먼저 양도하였을 경우에 B주택은 일시적 2주택으로 비과세를 받을 수 있을까요?

☞ 비과세 대상이 아닙니다. 일시적 2주택 비과세 특례는 반드시 종전 주택 (A)을 먼저 팔아야 합니다. A주택이 있는 상황에서 B주택을 신규 취득한 후, B주택을 먼저 양도하는 것은 투기라고 보고 일시적 2주택 비과세 특례를 적용하지 않습니다.

[문제 2] A, B, C 주택을 보유하면서 C를 먼저 양도하였습니다(C는 3주택으로 당연히 과세 대상). 남은 A, B는 123법칙을 지켰을 경우, A주택 양도 시 과세 대상일까요?

☞ 3주택 이상의 경우, 최종 남은 2채의 비과세 여부는 앞의 주택의 과세 여부에 영향을 받지 않습니다. 즉 A와 B는 C의 과세에 영향을 전혀 받지 않고, A와 B만 123법칙을 만족하면 비과세를 받을 수 있습니다.

[문제 3] 다음과 같이 3주택을 보유하고 있을 경우, 어떤 순서로 팔아야 납세자에게 유리할까요?

A주택 : 2016년도 취득, 가격 대폭 상승 이득

B주택 : 2018년도 취득, 가격 변동 별로 없음

C주택 : 2020년도 취득, 가격 대폭 상승 이득

☞ 가장 이득이 없는 주택부터 매각하면 됩니다. 어차피 3주택이므로 과세를 피할 수는 없습니다. 즉, B주택을 팔면서 소액의 양도소득세를 납부하고, 남은 A, C주택에 대하여 123법칙을 잘 준수하여 A를 먼저 팔면서 비과세를 받고, 나중에 C를 팔아 비과세를 받으면 됩니다.

2. 종전 주택이 1세대 1주택 비과세 요건을 갖추어야 합니다.

'일시적 2주택 비과세' 규정은 '1세대 1주택 비과세' 요건 중에서 '1주택에 대한 요건만 완화'한 것입니다. 당연히 양도하는 종전 주택은 다음의 '1세대 1주택 비과세' 요건을 모두 갖추어야 합니다.

➡ 「대한민국 성인이라면 누구나 알고 있어야 합니다 — 1세대 1주택 비과세」편(174쪽) 참조

※ 1세대 1주택 비과세 요건

① 거주자인 1세대가

② 국내에 1주택을 소유할 것 ☞ (완화) 2주택도 인정

③ 2년 이상 보유(조정대상지역은 2년 이상 거주)한 주택일 것

④ 미등기 양도자산 및 고가 주택 등 제외 사유가 아닐 것

일시적 2주택 비과세 규정은, 위의 '1세대 1주택 비과세 요건' ① ~ ④ 중에서 ②의 조건을 완화하여 '국내에 2주택을 소유하더라도 일시적 2주택인 경우, 1주택을 소유한 것으로 간주해 준다'는 의미입니다.

[문제] A주택이 일시적 1세대 2주택 비과세 요건을 갖추었으나, 미등기 양도 자산입니다. 이때 비과세가 될까요?

☞ 당연히 아닙니다. 1세대 1주택 비과세 요건 중 ②의 '국내에 1주택을 소유할 것'이라는 요건은 갖추었으나 ④의 '미등기 양도자산 및 고가 주택 등 제외 사유가 아닐 것'을 갖추지 못하여 1세대 1주택 비과세를 받지 못합니다.

▶▶ **오늘의 세금 상식** ◀◀

1. '일시적 2주택 비과세'는 일시적으로 2주택이어야 하며, 종전 주택을 먼저 팔아야 합니다. 2주택 중 신규 주택을 먼저 양도하는 경우 투기로 보아 일시적 2주택 비과세를 적용하지 못합니다.

2. 일시적 2주택 비과세 요건을 만족하더라도, '1세대 1주택 비과세 요건'을 만족하지 못한다면 비과세를 받을 수 없습니다.

03
2년 거주했다고 당연히 비과세 아닙니다

이번 챕터에서는 일시적 2주택 비과세 요건 '123 법칙'에 대하여 더 자세히 알아보겠습니다.

※ 일시적 1세대 2주택 비과세 요건

① 종전 주택의 취득일로부터 '1년' 이상 지난 후 신규 주택을 취득할 것
② 종전 주택의 보유기간 '2년' (조정대상지역은 2년 이상 거주) 요건을 갖출 것
③ 신규 주택을 취득한 날부터 '3년' (1년, 2년) 이내 종전 주택을 양도할 것

---

1. 1의 법칙 - 신규 주택 취득시기

'일시적 2주택 비과세'를 적용받기 위해서는 종전 주택을 취득한 날부터 '1년' 이상이 지난 후 신규 주택을 취득해야 합니다.

예를 들어 같은 연도에 주택을 2채 구입하는 경우, 일시적 2주택 비과세 혜택을 받을 수 없습니다. 즉, 1년 이내에 2채 이상의 주택을 구입하는 것은 투기라고 보고 일시적 2주택 특례를 적용하지 않습니다.

[문제] A를 2017년 6월에 취득, B를 2018년 3월에 취득 후, A를 2019년 11월에 양도할 경우 A는 비과세가 가능할까요?

A취득	B취득	A양도
2017.06.01	2018.03.15	2020.11.20
		비과세??

☞ 비과세 대상이 아닙니다. '123법칙' 중 '1의 법칙'을 지키지 않았기 때문입니다. 신규 주택을 매입할 때에는 항상 종전 주택 취득일이 언제인가를 반드시 고려하여야 합니다.

2. 2의 법칙 - 종전 주택의 보유기간 '2년'(조정대상지역은 2년 이상 거주) 요건을 갖출 것

종전 주택의 보유기간 2년 및 조정대상지역의 2년 거주 요건은 '1세대 1주택 비과세' 요건과 같습니다.

3. 3의 법칙 - 신규 주택을 취득한 날부터 '3년(1년, 2년)' 이내 종전 주택을 양도할 것

(1) 일시적 2주택 비과세 특례는 신규 주택을 취득한 날부터 '3년 이내'에 종전 주택을 양도할 경우에 적용합니다. 즉, 2주택 기간을 3년까지만 적용하며, 3년 이내에는 종전 주택을 무조건 팔고 1주택이 되어야 하는 것입니다.

(2) 일시적 2주택 비과세 규정 '123 법칙' 중 신규 주택 취득 시점에서 2개 모두 조정지역일 경우에는 '3법칙'이 매우 복잡해졌습니다.

① 신규 주택 취득일 당시 종전 주택과 신규 주택 중에 하나라도 조정 대상지역이 아닌 경우, 종전과 같이 '3년 이내'에 종전 주택을 처분하면 됩니다.

② 신규 주택 취득일 당시 '신규 주택과 종전 주택 모두 조정대상지역일 경우'에는 신규 주택 취득일에 따라 종전 주택 처분 기한이 달라집니다.

ⓐ 우선 2018년 9월 13일 이전에 신규 주택을 취득한 경우, 2채의 주택이 모두 조정지역대상이라도 종전과 같이 3년의 처분 기한이 적용됩니다.

ⓑ 2019년 12월 17일 이후 취득한 신규 주택의 경우에는, '1년 이내'에 종전 주택을 양도하고, 신규 주택으로 세대 전원이 이사하고 전입신고까지 하여야 합니다.

단, 신규 주택의 취득일 현재 기존 임차인이 거주하고 있는 것이 임대차 계약서 등 명백한 증빙서류에 의해 확인되는 경우에는 해당 기간을 전(前) 소유자와 임차인 간의 임대차계약 종료일까지로 하되, 신규 주택의 취득일 로부터 최대 2년을 한도로 하고, 신규 주택 취득일 이후 갱신한 임대차계약 은 인정하지 않습니다. ☞ 기존 임차인과의 계약관계를 무시할 수 없으므로 기존 임차인과의 계약관계는 유지하되 최대 2년까지만 인정됩니다.

ⓒ 조정대상지역의 경우, 일시적 2주택 비과세를 받기가 너무나 까다로 워졌습니다.

특히, 종전 주택에서 2년 이상 오래 거주한 분들은 당연히 비과세라고 생각하는 분들이 아직도 많지만, 정말로 주의해야 합니다. 종전 주택을 비 과세 받기 위해서는 신규 주택에 전입까지 마쳐야 합니다.

ⓓ 2018년 9월 14일 ~ 2019년 12월 16일 사이에 신규 주택과 종전 주택 이 모두 조정지역일 경우에는 기존 주택을 '2년 이내'에 처분해야 합니다. 전입 요건은 없습니다.

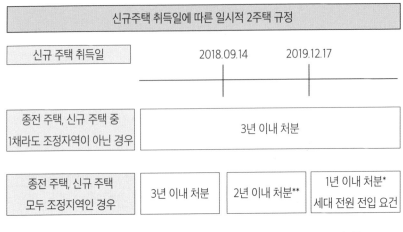

신규주택 취득일에 따른 일시적 2주택 규정		
신규 주택 취득일	2018.09.14	2019.12.17
종전 주택, 신규 주택 중 1채라도 조정지역이 아닌 경우	3년 이내 처분	
종전 주택, 신규 주택 모두 조정지역인 경우	3년 이내 처분	2년 이내 처분**	1년 이내 처분* 세대 전원 전입 요건

* 2019.12.16 이전에 매매계약을 체결하고 계약금을 지불한 경우, 종전 규정인 '2년 이내' 처분 규정 적용

** 2018.09.13 이전에 매매계약을 체결하고 계약금을 지불한 경우, 종전 규정인 '3년 이내' 처분 규정 적용

정말로 세법이 이렇게 자주 바뀌어도 되는지 모르겠습니다. 종전 주택 처분 기한을 3년에서 2년으로 줄인 지 얼마 되지 않아 다시 1년으로 줄이면서 현재 양도소득세 조문이 경과규정으로 너덜너덜한 상태입니다.

양도소득세는 대한민국 성인이라면 반드시 알고 있어야 하는 상식적인 법률인데 이렇게 복잡하게 만들어도 되는지 모르겠습니다. 문제는 제가 글을 쓰고 있는 현재에도 계속해서 세법개정안이 나오고 있다는 것입니다. 투기꾼을 잡는단 핑계로 일반 국민을 잡고 있는 건 아닌지 모르겠습니다.

③ 종전 주택과 신규 주택의 조정대상 여부는 '신규 주택 취득일' 당시입니다. ⟹ 「세법 적용, 취득일 기준? 양도일 기준?」편(71쪽) 참조

신규 주택 '취득 당시' 조정대상지역이 아니라면, 종전 주택 '양도 당시'에 신규 주택이 조정대상지역으로 지정되었다고 할지라도 종전 주택을 3년 이내 양도 시 일시적 2주택 비과세를 받을 수 있습니다.

2020. 6.17 대책으로 수도권 대부분이 조정대상지역으로 분류되었습니

다. 종전 주택 양도 당시 2주택이 모두 조정대상지역이라고 할지라도, 6.17 이전에 신규 주택을 취득하여 취득 당시 1개라도 조정대상지역이 아니면 전입 요건을 충족할 필요가 없으며, 3년 이내에 양도하면 됩니다.

④ 단, 대책 발표 이전에 매매 계약을 체결하고 계약금을 지불한 경우에는 종전 규정을 적용합니다. 즉, 2019년 12월 16일 이전에 매매 계약을 체결하고 계약금을 지불한 경우, 종전 규정인 '2년 이내' 처분 규정이 적용됩니다. 또한 1년 이내 전입 요건도 적용하지 않습니다.

마찬가지로 2018년 9월 13일 이전에 매매 계약을 체결하고 계약금을 지불한 경우, 종전 규정인 '3년 이내' 처분 규정이 적용됩니다. 이는 규정이 개정되기 전에 계약을 체결한 자를 보호하기 위하여 종전 규정을 적용시켜 주는 것입니다.

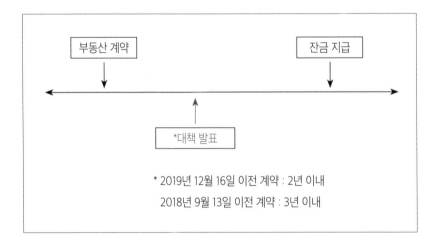

4. 동일한 날짜에 주택을 취득하고 양도한 경우

같은 날짜에 주택의 취득 및 양도를 동시에 한 경우에는 1주택을 양도한 후 다른 1주택을 취득한 것으로 봅니다. 즉, 다른 조건이 만족한다면 비과세를 받을 수 있습니다.

[문제] A주택 2017년 6월 취득, B주택 2018년 7월 취득, 2019년 11월 20일에 A주택을 양도하면서 동일자로 C주택을 취득하였습니다. A주택은 일시적 2주택 적용이 가능할까요?

☞ 가능합니다. A주택을 양도하면서 같은 날짜에 C주택을 취득하면 일시적 3주택이 될까요? 아닙니다. 동일 날짜에 취득 및 처분을 같이 하면 처분 후 양도한 것으로 봅니다. 그러므로 A, B 주택이 123법칙을 충족하였을 경우, A주택은 일시적 2주택으로 비과세를 받을 수 있습니다.

1. '일시적 2주택 비과세' 특례를 받기 위해서는 반드시 '123법칙'을 기억하여 야 합니다. 다소 예외사항이 있더라도 일단은 '123법칙'을 기준으로 파악하는 것이 기억하기 용이합니다.

① 종전 주택의 취득일로부터 '1년' 이상 지난 후 신규 주택을 취득할 것

② 종전 주택의 보유기간 '2년'(조정대상지역은 2년 이상 거주) 요건을 갖출 것

③ 신규 주택을 취득한 날부터 '3년'(1년, 2년) 이내 종전 주택을 양도할 것

2. 신규 주택 취득일 당시 '신규 주택과 종전 주택 모두 조정대상지역일 경우' ① '1년 이내'에 종전 주택을 양도하고 ② '1년 이내'에 세대 전원이 신규 주택에 전입까지 하여야 합니다. 종전 주택을 비과세 받기 위해서는 이제 신규 주택에 전입까지 하여야 합니다. 즉, 살(live) 집이 아니고, 살(buy) 집은 투기로 보아 일시적 2주택 비과세를 적용하지 않습니다.

04
2주택도 비과세 받을 수 있습니다
― 상속, 혼인, 동거 봉양으로 인한 일시적 2주택

앞의 챕터에서 155조 중에 '일시적 1세대 2주택'에 대하여 살펴보았습니다. 이번에는 '상속, 혼인, 동거 봉양으로 인한 일시적 2주택'에 대하여 알아보겠습니다.

1. 상속, 혼인, 동거 봉양으로 인한 합가

상속이나 혼인, 동거 봉양으로 인한 합가로 2주택이 되는 경우, 일시적 2주택 비과세를 받을 수 있습니다.

① '상속받은 주택(상속 주택)'과 '상속 개시일(사망일) 당시 이미 보유하고 있는 주택(일반 주택)'을 국내에 각각 1채씩 소유(2주택)하고 있는 1세대가 '일반 주택'을 양도하는 경우, 상속 주택은 없는 것으로 보고 일반 주택에 대하여 1세대 1주택 비과세 적용을 받을 수가 있습니다.

상속으로 인한 2주택 비과세 적용 시 일반 주택의 양도 시한은 규정되어 있지 않습니다. 즉, 상속 개시일 당시 1주택자가 상속 주택을 받은 경우, 시기와 상관없이 일반 주택을 양도하면 비과세가 적용됩니다.

② 각각 1주택을 가진 남녀가 혼인으로 일시적 2주택이 된 경우에는 혼인한 날로부터 5년 이내 양도하는 주택은 비과세가 적용됩니다.

③ 1주택을 가진 자녀가 부모님을 모시기 위해 세대를 합침으로써 1세

대 2주택을 보유하게 되는 경우, 합친 날부터 10년 이내에 먼저 양도하는 주택은 1세대 1주택으로 보아 비과세를 적용합니다. 최근 부모님을 모시고 사는 세대가 거의 없는 추세를 반영하여 양도 기간을 10년으로 여유 있게 주고 있습니다.

2. 상속으로 인한 일시적 2주택

① 일반 주택(A)을 먼저 양도하는 경우에 한하여 비과세를 받을 수 있습니다. 물론 양도하는 일반 주택(A)은 비과세 요건을 갖추어야 합니다.

상속 주택(B)은 비자발적인 주택의 취득으로 보기 때문에, 일반 주택(A)을 먼저 양도할 경우 상속 주택(B)은 없는 것으로 보아 일반 주택(A)이 1주택이 되어 비과세가 됩니다.

② 상속 주택(B)을 먼저 양도하는 경우에는 비과세를 받을 수 없습니다.

상속 주택(B)을 먼저 양도하는 경우, 1세대 2주택으로 양도소득세가 과세됩니다.

③ 일반 주택을 상속 개시일 당시 보유하고 있어야 합니다.

일반 주택을 먼저 취득 및 보유한 상태에서 주택을 상속받아 일시적 2주택이 된 후 일반 주택을 양도해야 비과세가 됩니다.

만약 상속 주택을 먼저 취득한 후에 일반 주택을 취득한다면, 일반 주택을 양도한다 할지라도 비과세가 적용되지 않습니다(단, 2013.2.14. 이전에 취득한 일반 주택은 상속 주택보다 먼저 취득하지 않아도 일시적 2주택 비과세가 가능합니다).

즉, 상속 개시 당시 이미 보유하고 있는 일반 주택에 한하여 일시적 2주택 비과세 특례가 적용됩니다.

[문제] 일반 주택(A)을 보유한 상태에서 상속 주택(B)를 받아, 일반 주택(A)을 양도하여 상속 주택 일시적 2주택 비과세를 받았습니다. 상속 주택(B)만 있는 상태에서 또 다른 일반 주택(C)을 사서 나중에 일반 주택(C)를 파는 경우, 상속 주택 일시적 2주택 비과세가 가능할까요?

☞ 답은 NO입니다. 상속 개시일(사망일) 당시에 보유하고 있는 '일반 주택(A)'만 비과세가 가능하기 때문입니다. 나중에 구입한 일반 주택(C)은 상속 개시일 당시 보유하고 있지 않기 때문에 일시적 2주택 비과세 대상이 아닙니다.

3. 혼인으로 인한 일시적 2주택

① 여기서 혼인은 '법률혼'을 의미하며, '사실혼'은 인정하지 않습니다.

② 2개의 주택 중에 아무 주택이나 먼저 처분하여도 비과세가 가능합니다.

3. 동거 봉양으로 인한 일시적 2주택

① 직계존속(배우자의 직계존속 포함) 중 어느 한 사람은 60세 이상이어야 합니다. 단, 중대한 질병 등이 발생한 직계존속의 간병을 목적으로 합가한 경우에 한하여, 부모님의 연령에 관계없이 적용할 수 있습니다.

본인의 부모뿐만 아니라 배우자의 부모도 포함되며, 한 분만이라도 60세를 넘으면 일시적 2주택 비과세 혜택을 받을 수 있습니다. 또한 2개의 주택 중에 아무 주택이나 먼저 처분하여도 비과세가 가능합니다.

② 만약 1세대 2주택자가 부모님을 모시기 위해 세대를 합친 경우(총 3주택)에는 일시적 2주택 규정이 적용되지 않으며, 먼저 양도하는 주택은 과세 대상입니다.

▶▶ 오늘의 세금 상식 ◀◀

1. 상속으로 인하여 일시적 2주택이 되는 경우, 상속 개시일에 이미 보유하고 있는 '일반 주택'을 '상속 주택'보다 먼저 양도 시 일시적 2주택 비과세를 받을 수 있습니다.

2. 상속 주택을 일반 주택보다 먼저 양도하는 경우에는 비과세를 받을 수 없습니다. 처분 순서를 주의해야 합니다.

3. 혼인으로 인하여 2주택이 되는 경우, 혼인한 날로부터 5년 이내 양도하는 주택은 비과세 적용됩니다.

4. 부모님을 모시기 위하여 세대를 합친 경우에는, 합친 날부터 10년 이내에 먼저 양도하는 주택은 1세대 1주택으로 보아 비과세를 적용합니다.

※ 상속, 혼인, 동거 봉양 합가로 인한 일시적 2주택 비과세 정리

2주택 원인	처분기한	비과세 주택
상속	제한 없음	일반 주택 양도에 한하여 비과세
혼인	5년	두 개의 주택 중에 먼저 파는 주택이 비과세
동거 봉양	10년	두 개의 주택 중에 먼저 파는 주택이 비과세

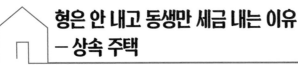

05
형은 안 내고 동생만 세금 내는 이유
- 상속 주택

상속 주택은 '비자발적 취득'이라는 측면과 더불어 '부의 무상 이전'이라는 형태를 동시에 갖고 있기 때문에 세무적으로 고려해야 할 사항이 많습니다. 이번 챕터에서는 상속 주택의 취득과 관련하여 몇 가지 주의 사항을 살펴보겠습니다.

1. 일시적 2주택 비과세 특례를 받을 수 있는 상속 주택은 무조건 1채입니다.

피상속인(사망인)의 주택이 2채 이상인 경우에는, 피상속인이 '소유한 기간이 가장 긴 1주택'에 대해서만 상속 주택으로 간주합니다. 1채를 제외한 나머지 주택은 '상속 주택'이 아니며 일반 주택과 똑같이 취급됩니다.

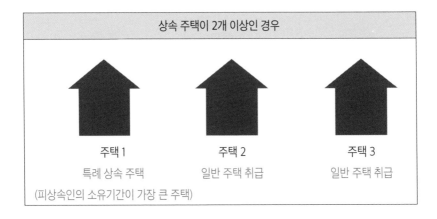

[예시] 2주택자인 아버지가 돌아가시고 상속 주택 A, B를 형제 2명이 각각 한 채씩 나누어서 상속받았습니다. 형제는 상속 주택을 받기 전에 이미 아파트를 1채씩 보유하고 있어서 상속으로 인하여 2주택자가 되었습니다. 5년 후 형제가 모두 일반 주택을 매각하였을 경우, A주택을 상속받은 형은 비과세를 받았는데 B주택을 상속받은 동생은 양도소득세 과세 예고 통지가 나왔습니다. 왜 그럴까요?

☞ 일반 주택(A)을 보유한 상태에서 상속 주택(B)을 취득한 경우, 일반 주택(A)을 먼저 양도하면 일시적 2주택 비과세 특례를 받을 수 있습니다. 단, 일시적 2주택 비과세를 받을 수 있는 상속 주택은 피상속인(사망인)의 보유기간이 가장 긴 1주택만 해당합니다. 위 예시의 경우 A주택이 피상속인이 보유한 기간이 가장 긴 주택이기 때문에, A주택을 상속받은 형은 비과세를 받게 되고, B주택을 상속받은 동생은 2주택에 대한 세금을 납부하여야 합니다.

단, B주택을 상속받은 동생도 B주택을 일반 주택 취득으로 보기 때문에 상속 개시일로부터 3년(조정지역일 경우 1년+전입 요건) 이내 양도 시 일시적 2주택 비과세 특례를 받을 수 있습니다.

2. 상속인과 피상속인이 동일 세대원일 경우, 상속 시 1주택 소유자가 상속 주택 취득 후 일반 주택을 먼저 매도한다 할지라도 과세가 됩니다. 상속 개시 전부터 상속인과 피상속인은 동일 세대로서 일시적 2주택이 아니며, 1세대 2주택이기 때문입니다.

즉, 상속 주택 2주택 비과세 특례는 상속인과 피상속인이 상속 개시일 당시 별도 세대일 경우에 적용됩니다.

[예시] 다음과 같이 아버지와 어머니가 주택을 각각 1채를 갖고 있으며, 자녀 또한 1주택을 보유하고 있습니다. 아버지가 사망하였을 경우, 아버지 소유 주택을 어머니와 자녀 중 누구에게 상속하는 것이 절세에 유리할까요?

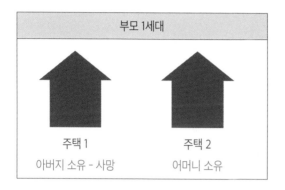

☞ 만약 아버지 소유의 상속 주택(주택1)을 어머니에게 상속하는 경우, 2주택 비과세 특례를 받을 수 없습니다. 동일 세대로써 상속 전부터 2주택이기 때문입니다. 이후 어느 주택을 먼저 양도하든지, 1세대 2주택 양도소득세를 납부하여야 합니다.

반면, 상속 주택(주택1)을 자녀에게 상속하는 경우, 자녀는 본인 소유 일반 주택(주택3)을 먼저 양도하면 상속 주택 2주택 비과세를 받을 수 있습니다.

다시 말해서, 상속 주택은 동일 세대원에게 상속하는 경우에는 2주택 비과세 특례를 받을 수 없습니다. 대표적으로 이미 1주택이 있는 배우자가 상속 주택을 받을 경우, 비과세 혜택을 받을 수 없습니다.

1. 피상속인의 주택이 2채 이상인 경우, 피상속인이 소유한 기간이 가장 긴 1주택에 한하여 상속 주택으로 인정합니다. 상속 주택은 1채만 인정되며, 나머지 상속받은 주택들은 일반 주택으로 인정되어 상속 주택 2주택 비과세 특례를 받을 수 없으니 주의해야 합니다.

2. 상속 주택을 동일 세대원에게 상속하는 경우, 상속 주택 2주택 비과세 특례를 받을 수 없습니다. 대표적인 예로, 이미 주택 한 채가 있는 배우자에게 주택을 상속하는 경우, 상속 주택 2주택 비과세 특례를 받을 수 없습니다.

06
상속 주택, 합법적으로 세금 안 내고 파는 방법

1. 상속 주택은 6개월 이내 양도 시 양도소득세가 없습니다.

[예시 1] 자녀 소유의 서울 집(A-고가)이 1채 있습니다. 그런데 아버지가 돌아가시면서 시골집(B-저가) 1채를 상속 주택으로 비자발적 취득하게 되었습니다. 자녀 가족의 활동 거주 공간은 서울이고, 무엇보다도 서울 집(A)이 앞으로 집값이 많이 상승할 것 같습니다. 반면에 상속 주택(B)은 일반 주택(A)에 비하여 금액도 적으며, 시골에 위치하고 있어 이사가 불가능한 상황입니다.

자녀는 상속 주택(B)보다 본인 소유 주택(A)를 먼저 팔면 양도세가 비과세 된다는 것을 알고 있습니다. 하지만 일반 주택(A)을 팔고 시골집(B)으로 이사 갈 수도 없으며, 무엇보다도 일반 주택(A)을 팔 생각이 없습니다. 이러한 경우, 어떻게 하면 될까요?

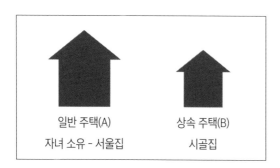

일반 주택(A)   상속 주택(B)
자녀 소유 - 서울집   시골집

☞ 상속 주택(B)을 먼저 팔면 됩니다. 단, 6개월 이내에 팔아야 합니다. 상속 주택은 상속 개시일로부터 6개월 이내에 양도할 경우 양도소득세가 없습니다.

상속 재산의 평가는 '시가'를 원칙으로 합니다. 상속 주택의 시가는 상속 개시일 전후 6개월 내의 매매·감정·수용·경매 등의 가액을 원칙으로 합니다. 만약 상속 개시일로부터 6개월 이내에 상속 부동산을 양도한다면, 그 매매가액이 시가가 되면서 동시에 상속재산평가액이 됩니다. 이 경우 상속 주택의 취득가액과 양도가액이 동일하기 때문에 양도차익이 없으며, 양도소득세가 발생하지 않습니다.

만약 상속 주택(B)을 6개월 이후에 양도해야 한다면 어떻게 해야 할까요?

이러한 경우는, 상속세 신고 시 상속 주택(B) 가액을 감정평가를 받아 취득가액을 높여 두는 것이 좋습니다. 감정평가를 받아 업(UP)한 가액이 상속 주택(B)의 취득가액이 되기 때문에 나중에 양도하더라도 양도차익이 감소하게 되어 양도소득세가 대폭 감소하게 됩니다. 만약 감정평가 등을 받지 않으면 상속세 신고가액(무신고 시 기준시가)이 취득가액이 되며, 시가(양도가액)와 기준시가(취득가액)의 차이가 많이 나는 경우 거액의 양도소득세가 부과될 수 있습니다.

단, 감정평가를 별도로 받을 경우, 감정평가 비용이 소요되며, 상속 재산이 증가하기 때문에 상속세가 부과되는 경우에는 상속세가 증가할 수 있습니다.

2. 공동 상속 주택의 소수 지분자는 주택 수에 포함되지 않습니다.

➠ 「1% 지분도 1주택입니다 — 공동소유주택」편(194쪽) 참조

상속 주택은 지분이 가장 큰 소유자만 주택으로 보고, 나머지 소수 지분자의 주택은 없는 것으로 봅니다. 따라서 소수 지분 상속 주택은 상속 이후 일반 주택을 사고파는 데 전혀 영향을 미치지 못합니다. 만약 지분이 동일한 경우에는 당해 주택에 거주하는 자의 주택으로 봅니다.

[예시] A, B, C 3명의 상속인이 지분으로 주택을 상속받았습니다. A 50%, B 30%, C 20%이며, 이들은 각각 일반 주택 1개씩 보유하고 있습니다. A, B, C 모두 일반 주택을 양도하는 경우 주택 수는 어떻게 될까요?

☞ A는 최대 지분자로써 공동 상속 주택이 주택 수에 포함되어 2주택이 됩니다. 반면에 B와 C는 소수 지분이기 때문에 주택으로 보지 않아서 1주택 양도가 되며, 1주택 비과세를 받을 수 있습니다.

1. 상속 주택을 상속 개시일로부터 6개월 이내에 양도할 경우 양도소득세가 없습니다. 상속 주택을 반드시 팔아야 하는 경우라면, 상속 개시일로부터 6개월 이내에 양도할 것을 권합니다.

2. 공동 상속 주택의 경우, 지분이 가장 큰 자만 주택으로 보며 소수 지분자는 주택으로 보지 않습니다. 참고로, 상속으로 취득하는 주택을 제외한 일반적인 공동 소유 주택의 경우 공유자별로 각각 1주택을 소유한 것으로 봅니다.

ps. 상속 주택에 대한 내용이 생각보다 방대하고 어렵습니다. 주택이 여러 채인 경우, 공동 상속 주택, 혼인 및 동거 봉양 2주택 특례와의 관계, 일시적 2주택 적용 여부 등 일반인의 상식 수준을 넘어서는 내용이 많습니다.

다주택자 중에서 상속 주택이 포함되어 있는 경우나 상속 주택 비과세 여부 등을 판단할 때에는 반드시 세무 전문가와 상담하기 바랍니다.

07
3주택도 비과세 받을 수 있습니다
— 상속, 혼인, 동거 봉양으로 인한 일시적 3주택

상속 주택을 비자발적으로 취득하는 경우, 혼인으로 2주택자가 되는 경우, 동거 봉양 합가로 인하여 2주택자가 되는 경우는 다음과 같이 일시적 2주택 비과세 특례를 받을 수 있습니다.

2주택 원인	처분기한	비과세 주택
상속	제한 없음	일반 주택 양도에 한하여 비과세
혼인	5년	두 개의 주택 중에 먼저 파는 주택이 비과세
동거 봉양	10년	두 개의 주택 중에 먼저 파는 주택이 비과세

만약 일시적 1세대 2주택인 상황에서 상속 주택을 취득하게 되면 어떻게 될까요? 3주택으로 비과세를 못 받는 것일까요? 아니면 상속 주택을 비자발적으로 취득하였으므로 비과세를 적용해 주어야 하는 것일까요?

다행스럽게도 3주택임에도 비과세를 받을 수 있는 사례가 다양하게 있습니다.

1. 일시적 2주택 + 상속 주택 = 일시적 3주택으로 비과세 가능

일시적 2주택자가 상속 주택을 취득하여 1세대 3주택을 소유하는 경우에도 일시적 2주택 특례를 적용합니다.

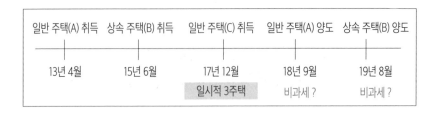

위 예시를 보면 일반 주택 A를 취득 후, 상속 주택 B를 받고, 일반 주택 C를 취득하여 결국 3주택이 됩니다. 일반적으로 3주택인 경우 일시적 2주택 비과세가 적용될 수 없지만, 상속 개시 전 보유한 일반 주택 A를 매도하면, 해당 주택(A)의 비과세 여부 판단 시 상속 주택(B)은 주택 수에서 제외됩니다.

즉 상속 주택(B)이 주택 수에서 제외되므로, 일반 주택 A와 일반 주택 C가 일시적 2주택이 되며, 일시적 2주택 요건을 갖추어 일반 주택 A를 먼저 양도하면 일반 주택 A는 비과세가 됩니다. 또한, 상속 주택(B) 양도 당시 상속 주택(B)과 일반 주택(C)이 일시적 2주택 요건을 갖추고 있으므로 상속 주택(B)도 비과세를 받을 수 있습니다.

2. 일시적 2주택 + 동거 봉양 1주택 = 일시적 3주택으로 비과세 가능

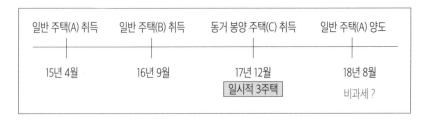

일시적 2주택(종전 주택A, 신규 주택B) 상태에서 1주택을 보유한 직계존속과 동거 봉양 합가함으로써 1세대 3주택이 된 경우, 신규 주택(B)을 취득한

날로부터 3년 이내(조정지역 1년 + 전입 요건 충족)에 종전 주택(A) 양도 시 일시적 2주택 비과세를 적용받을 수 있습니다. 일시적 2주택 상태에서 추가로 취득한 동거 봉양 주택(C)은 기존에 일시적 2주택에 영향을 미치지 못하며, 기존 주택(A, B)은 일시적 2주택 비과세가 가능합니다.

3. 일시적 2주택 + 혼인 주택 1주택 = 일시적 3주택으로 비과세 가능

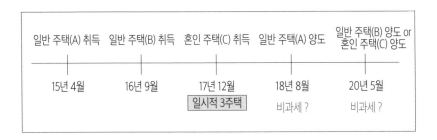

일시적 2주택(종전 주택A, 신규 주택B) 보유자가 1주택(C) 보유자와 혼인하여 1세대 3주택자가 되는 경우로써, '다른 주택(B)을 취득한 날부터 3년 이내(조정지역 1년 + 전입 요건 충족)에 종전 주택(A) 양도 시 일시적 2주택 비과세를 적용받을 수 있습니다. 일시적 2주택 상태에서 추가로 취득한 혼인 주택(C)은 기존에 일시적 2주택에 영향을 미치지 못하고, 기존 주택(A, B)은 일시적 2주택 비과세가 가능합니다.

또한, 종전 주택(A) 양도 후 '혼인한 날부터' 5년 이내 먼저 양도하는 주택(B 또는 C)은 혼인으로 인한 2주택 비과세 특례도 적용받을 수 있습니다.

4. 동거 봉양 2주택 + 일반 주택 추가 취득 = 일시적 3주택으로 비과세 가능

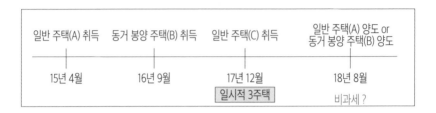

동거 봉양 합가로 2주택(기존 본인 주택 A + 동거 봉양 주택 B)인 상태에서 A 주택 취득일부터 1년 이상이 지난 후 신규 주택 C를 취득하여 3주택이 됩니다.

그리고 세대를 합친 날로부터 10년 이내 및 신규 주택(C) 취득일로부터 3년 이내(조정지역 1년 + 전입 요건 충족)에 기존 보유 주택(A 또는 B)을 양도하는 경우에는 비과세를 받을 수 있습니다.

즉, 기존 주택(A 또는 B)과 신규 주택(C)이 일시적 2주택이 되는 상황이며, 동거 봉양으로 증가한 1주택은 상속 주택과 마찬가지로 주택 수에서 제외됩니다.

5. 혼인으로 인한 2주택 + 일반 주택 추가 취득 = 일시적 3주택으로 비과세 가능

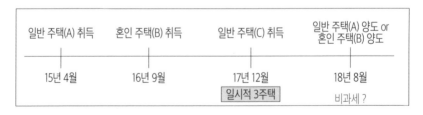

혼인으로 1세대 2주택자가 신규 주택(C)을 취득한 경우 일시적 3주택이 됩니다. 이때 혼인한 날로부터 5년 이내 그리고 신규 주택(C) 취득일로부터 3년 이내(조정지역 1년 + 전입요건 충족)에 기존 보유 주택(A 또는 B)을 양도하는 경우에는 비과세를 받을 수 있습니다. 앞서(4번) 설명한 경우와 마찬가지로, 일시적 2주택 상황에서 혼인으로 추가 취득한 주택은 주택 수에서 제외되는 것입니다.

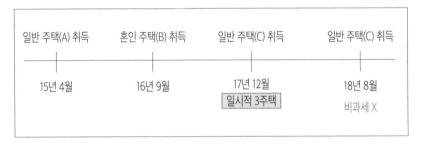

반면, 혼인으로 인하여 1세대 2주택이 된 후 다시 1주택을 취득하여 1세대 3주택 상태에서, 혼인 후 취득한 일반 주택(C)을 먼저 양도하는 경우에는 2주택 비과세를 받지 못하고 3주택으로 과세됩니다.

혼인으로 취득한 주택이 주택 수에서 제외되어 일반 주택 A와 일반 주택 C가 일시적 2주택이 되긴 합니다. 다만, 일시적 2주택 비과세 특례는 반드시 종전 주택 A를 먼저 팔아야 적용되는 것이므로, 나중에 취득한 일반 주택 C를 양도하는 경우에는 2주택 비과세 특례를 적용하지 않습니다.

1. 상속, 혼인, 동거봉양 합가로 인한 1주택 + 일시적 2주택 = 일시적 3주택인 경우, 주택 처분 순서에 따라 3주택 모두 비과세가 가능합니다.

ps. 이번 챕터에서 설명한 3주택 비과세 특례는 사실 난이도가 조금 높은 내용입니다. 이번 챕터를 제대로 이해하기 위해서는 '일시적 2주택 비과세'와 '상속, 혼인, 동거 봉양으로 인한 일시적 2주택' 내용이 선행되어야 합니다.

양도소득세를 처음 공부하는 분들은 100% 이해되지 않아도 상관없으며, '1세대 3주택도 주택 처분 순서를 고민하면 3주택 전부 비과세를 받을 수 있다'는 정도만 기억하면 됩니다.

제7장

주택임대사업자와
주택임대소득

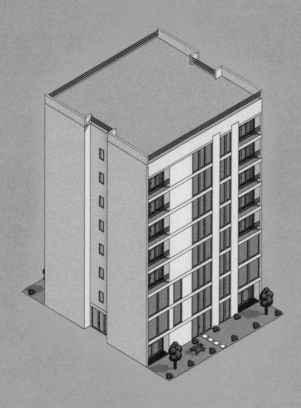

01
이제는 냉정해져야 할 때
– 주택임대사업자 등록

이번 장에서는 주택임대사업자 종류에 대하여 알아보겠습니다.

1. 주택임대사업자 종류

주택임대사업자는 <민간임대주택에 관한 특별법>에 적용을 받으며, 단기임대주택(4년)과 장기임대주택(8년)의 2가지가 있습니다.

구분	단기임대주택	장기임대주택(준공공)
사업주체	민간임대사업자	
공급면적	제한 없음	
임대기간	4년 이상	8년 이상
증액제한	임대료(임대보증금 포함) 증가율 5% 이하	

ps. 장기임대주택(8년)은 '준공공임대'라는 명칭을 사용하기도 합니다. '공공지원민간임대주택'이라는 주택임대사업자도 있지만, 이는 국고보조금으로 취득하는 부동산으로써 실무상 거의 발생하지 않아 생략하였습니다.

2. 주택임대사업자 제도 폐지

① 이번 정부 초기에는 수많은 혜택을 주면서 주택임대사업자 등록을 권하였으며, 실제로 많은 다주택자들이 주택임대사업자 등록을 하였습니다. 그러나 2020.7.10 대책이 나오면서 주택임대사업자는 내리막길을 걷고 있습니다. 임대차 3법 등의 시행으로 더 이상 주택임대사업자가 필요 없게 되었으며, 이제는 폐지하는 수준에 이르게 되었습니다.

② 7.10 대책으로 '단기임대주택(4년)'과 '아파트 장기임대주택(8년)'은 완전 폐지가 되었습니다. 더 이상 신규 등록을 할 수 없습니다. 이제 아파트 임대주택 등록은 불가능하며, 오피스텔이나 다세대주택 등은 장기임대주택(8년) 등록만 가능합니다.[1]

<민간임대주택에 관한 특별법에 따른 유형별 임대주택>

주택 구분		유형별 폐지·유지 여부	
		매입임대	건설임대
단기임대	단기민간임대주택(4년)	폐 지	폐 지
장기임대	장기일반민간임대주택(8년)	유 지 (아파트는 폐지)	유 지
	공공지원민간임대주택(8년)	유 지	유 지

③ 단기임대주택(4년)에서 장기임대주택(8년)으로의 유형 전환도 안 됩니다.

④ 기존의 단기임대주택(4년)과 아파트 장기임대주택(8년)은 임대의무기간이 경과하면 즉시 자동 말소가 됩니다. 단, 이미 등록한 임대주택은 등록 말소 시점까지 세제 혜택이 유지됩니다.

---

1) 부동상 3법 등 주요 개정 내용과 100問100쏨으로 풀어보는 주택세금(국세청, 2020.09) 참조

3. 주택임대사업자 신규 등록

[질문] 주택임대사업자 지금이라도 신규 등록하여야 하나요?

☞ 위에서 설명하였듯이 이제는 아파트 임대주택 등록은 아예 불가능하며, 오피스텔이나 다세대주택 등은 장기임대주택(8년) 등록만 가능합니다. 초기에 비하여 혜택이 많이 줄기는 하였으나, 주택임대사업자가 일정 요건을 충족하는 경우에는 취득세·재산세·장기보유특별공제 등 여러 혜택을 받을 수 있습니다.

[질문] 아파트를 제외한 다세대주택 등은 지금이라도 주택임대사업자로 신규 등록을 하여야 할까요?

☞ 임대주택사업자에게 유지되는 혜택도 있지만, 날이 갈수록 의무가 증가하고 있습니다. 기존의 임대기간 준수, 임대료 증액 제한(5%) 이외에도 임대 의무기간을 10년으로 늘린다든지, 전세보증보험 의무 가입 등 전에 없던 의무가 생겨나고 있습니다. 앞으로 어떤 의무가 추가될지 알 수 없는 상황입니다.

게다가 이제는 임대 의무기간 준수, 임대료 증액 제한, 임대차계약 신고 등 공적 의무 준수 합동점검을 정례화하고, 과태료 부과 등의 행정조치를 강화하겠다고 합니다.[2] 임대기간을 준수하지 않거나 임대료 증액 제한(5%)을 어길 경우, 과태료만 3천만원입니다. 표준계약서를 사용하지 않아도 과태료가 500만원입니다.

주택임대사업자의 과도한 혜택은 이전에 이미 등록한 사람들의 몫입니다. 신규 등록을 고려하는 분은 이제 냉정해져야 할 때입니다.

---

2) 주택시장 안정 보완대책(관계부처 합동, 2020.07.10) 참조

02
월세 받으면 주택임대소득 신고 대상인가요?

2019년부터 주택임대소득에 대한 전면적 과세가 시행되었습니다. 월세를 받는 분들은 자신이 주택임대소득 신고 대상인지, 전세보증금에도 과세를 한다는데 무슨 내용인지 알고 있어야 합니다.

1. 주택임대소득 과세 대상

아래의 표는 2019년부터 적용되는 주택임대수입 과세 대상 정리표입니다. 얼핏 보면 굉장히 복잡해 보이지만, 이해하기 쉽게 설명해 보겠습니다.

부부 합산 소유주택 수	기준 시가	임대수입금액		과세 여부
		계산	구분	
1주택	9억 이하	×	2천만원 이하	비과세
			2천만원 초과	비과세
	9억 초과	월세 합계	2천만원 이하	종합과세 또는 분리과세
			2천만원 초과	종합과세
2주택		월세 합계	2천만원 이하	종합과세 또는 분리과세
			2천만원 초과	종합과세
3주택 이상		월세 합계 + 간주임대료	2천만원 이하	종합과세 또는 분리과세
			2천만원 초과	종합과세

① 2018년까지는 주택임대 수입금액이 연 2천만원 이하인 경우에는 과세 대상이 아니었습니다. 그러나 위의 표에서 보듯이 2019년부터 주택임대 수입이 '연 2천만원 이하'라도 과세되는 경우가 있으니 주의해야 합니다.

② 주택 수(數)의 계산은 본인과 배우자를 합산(부부 합산)해야 합니다. 주택 수에 따라서 주택임대소득 과세 기준이 구분되어 있으니, 일단은 부부 합산 주택 수부터 파악해야 합니다.

③ '1주택'의 경우, 원칙적으로 주택임대소득에 대하여 과세하지 않습니다. 단, 기준시가가 9억을 초과하는 고가 주택의 경우는 과세 대상입니다.

ps. 1. 기준시가 9억은 보통 시가 12~13억 정도 합니다.

　　2. 비과세는 과세하지 않는다는 뜻이며, 당연히 세금 신고 의무도 없습니다. 반면, '종합과세 또는 분리과세'는 결국 과세가 된다는 뜻이며, 당연히 세금 신고 의무도 있습니다. 종합과세와 분리과세의 차이는 다음 챕터에서 별도로 설명하겠습니다.

④ '2주택 이상'의 경우, 모든 월세에 대하여 세금 신고 의무가 있습니다. 2018년까지 주택임대소득이 年 2천만원 이하인 경우 과세되지 않았으나, 2019년부터는 2천만원 이하인 경우에도 과세 대상입니다.

⑤ 3주택 이상인 경우, '3억을 초과하는 임대보증금'에 대하여 '간주임대료'라는 것을 계산하여 월세에 가산하여 신고하여야 합니다. 간주임대료란, 간단히 설명하자면, 임대보증금의 은행 이자 수익 정도의 금액을 임대사업자의 이익으로 보고 과세가액에 포함하는 것입니다.

▶▶ 오늘의 세금 상식 ◀◀

1. 1주택의 경우, 원칙적으로 주택임대소득 과세 대상이 아닙니다. 단, 기준시가가 9억을 초과하는 주택의 경우 주택임대 과세 대상이므로, 고가 주택을 임대할 경우 주의해야 합니다.

2. 2주택 이상의 경우, 모든 주택임대소득이 과세 대상입니다. 2018년도까지는 연 2천만원 이하는 과세되지 않았으나, 2019년도부터는 과세 대상이므로 종합소득세 신고기간(매년 5월 31일)에 반드시 신고해야 합니다.

03
주택임대소득 세금 얼마나 나올까요?

앞의 챕터에서는 주택 수에 따른 주택임대소득 신고 대상 여부를 살펴보았습니다. 이번 챕터에서는 주택임대소득에 대한 세금이 얼마나 나오는지 보겠습니다.

1. '분리과세'와 '종합과세'

앞 챕터에서의 <주택임대소득 과세 대상> 표를 보면, 과세의 경우 '분리과세'와 '종합과세'가 있습니다. '분리과세'는 '주택임대소득'만 별도로 계산하여 소득세를 계산하는 방식이며, '종합과세'는 '주택임대소득'과 다른 소득(근로소득, 사업소득, 연금소득 등)을 합산하여 소득세를 계산하는 방식입니다.

2. '분리과세' 시 주택임대소득 납부 세액

① 국세청은 등록임대주택과 미등록임대주택을 구분하여 과세하고 있으며, 당연히 등록임대주택에 세무상 혜택을 많이 주고 있습니다. 등록임대주택의 경우, 수입금액의 60%를 필요경비로 인정해 주고 있으며, 미등록임대주택의 경우 수입금액의 50%를 필요경비로 인정해 주고 있습니다.

② 등록임대주택의 경우 기본 공제 400만원 차감, 미등록임대주택의 경

우 기본 공제 200만원이 차감됩니다. 단, 기본 공제 400만원과 200만원은 주택임대 외 종합소득금액이 2천만원 이하일 경우에만 적용합니다. 일반 직장을 다니면서 월세 받는 분들이 많은데, 근로소득금액이 2천만원이 넘는 분들은 안타깝게도 기본 공제(400만원 또는 200만원)는 적용받지 못합니다.

③ 분리과세는 단일세율(14%)을 적용하고 있습니다. 이자 소득과 같은 세율입니다.

종합소득금액	항목	등록임대주택		미등록임대주택
		장기임대(8년)	단기임대(4년)	
종합소득금액 2천만원 이하 (분리과세시)	필요경비	임대수입금액의60%		임대수입금액의50%
	공제금액	400만원		200만원
	적용세율	14%		14%
	세액감면	75%	30%	없음

④ 장기임대(8년)와 단기임대(4년)에 대해서도 '소형 주택 임대사업자 세액 감면'에 차등(75%, 30%)을 두고 있습니다. 세액 감면 요건을 살펴보면, 국민주택 규모 이하이며 기준시가 6억 이하인 임대주택은 대부분 받을 수 있습니다.

ps. 참고로 '소형 주택 임대사업자 세액 감면' 규정은 다음과 같습니다.

    a. 세무서와 지방자치단체에 모두 임대사업자 등록

    b. 국민주택 규모 이하일 것

    c. 임대 개시일 당시 기준시가 6억 이하일 것

    d. 임대료 인상률이 연 5%를 초과하지 않을 것

    e. 4년 또는 8년 이상 임대

3. 다음의 표는 실제 임대수입이 2천만원이라고 가정하고, ①장기임대(8년) ②단기임대(4년) ③미등록임대주택 ④이자소득으로 구분하여 분리과세 시 최종 납부세액을 계산한 내역입니다.

항목	등록임대주택		③ 미등록임대주택	④ 이자소득
	① 장기임대(8년)	② 단기임대(4년)		
수입금액	2천만원	2천만원	2천만원	2천만원
필요경비	1천 200만원 (수입금액 × 60%)	1천 200만원 (수입금액 × 60%)	1천만원 (수입금액 × 50%)	없음
기본공제	4백만원	4백만원	2백만원	없음
과세표준	4백만원	4백만원	8백만원	2천만원
세율	14%	14%	14%	14%
산출세액	56만원	56만원	112만원	280만원
세액 감면	42만원 (산출세액 × 75%)	16.8만원 (산출세액 × 30%)	없음	없음
실제 납부세액	14만원	39.2만원	112만원	280만원

① 장기임대(8년)의 경우 세액을 75% 감면받는다면, 1년 총 세금이 14만원밖에 되지 않습니다. 임대수입이 연 2천만원이면 월 166만원 정도인데, 실제 세금은 월 1만원 정도밖에 발생하지 않습니다.

임대주택수입에 대하여 과세한다고 하여 세금부터 걱정하는 분이 있는데, 실제로는 하나도 무섭지 않습니다. 그런데 막상 실무를 하다 보니 2018년까지 내지 않던 세금을 2019년부터는 납부하여야 하는 상황이라, 그리 많지 않은 금액임에도 불구하고 굉장히 아까워하는 분들이 많았습니다.

② 미등록임대주택의 경우, 장기임대주택의 8배 정도(112만원)의 세금이 발생합니다.

③ 임대소득과 마찬가지로 대표적인 불로소득인 이자 소득이 2천만원 발생하였다고 가정하면, 약 280만원 정도의 세금을 납부하게 됩니다.

④ 주택임대소득이 연 2천만원 이하일 경우에는 주택임대등록을 하는 것이 세금 측면에서는 굉장히 유리합니다.

4. '종합과세' 시 주택임대소득 납부 세액

① 주택임대소득이 2천만원을 초과하는 경우 분리과세를 할 수 없으며, 반드시 종합과세 대상입니다. 종합과세는 '주택임대소득'과 다른 소득(근로소득, 사업소득, 연금소득 등)을 합산하여 소득세를 계산하는 방식이며, 분리과세는 단일세율(14%)이 적용되는 반면, 종합과세는 과세표준 구간에 따라 6 ~ 45%까지 누진세가 적용됩니다.

소득세 과세표준 및 세율(2021년부터)		
과세표준	세율	누진공제
1,200만원 이하	6.0%	-
1,200만원 ~ 4,600만원 이하	15.0%	108
4,600만원 초과 ~8,800만원 이하	24.0%	522
8,800만원 초과 ~ 1.5억원 이하	35.0%	1,490
1.5억원 초과 ~ 3억원 이하	38.0%	1,940
3억원 초과 ~ 5억원 이하	40.0%	2,540
5억원 초과 ~ 10억원 이하	42.0%	3,540
10억원 초과	45.0%	6,540

예를 들어 근로소득금액 4천만원과 주택임대소득 3천만원이 있을 경우에는 종합소득금액이 7천만원(4천+3천)이 되며, 위의 표에서 24% 구간에 해당하는 세율을 적용받게 됩니다. 분리과세(14%) 적용을 받는 경우보다 세부담 측면에서 불리합니다. 즉, 다른 소득 금액 크기에 따라 최대 45%까지 적용될 수 있습니다.

② 주택임대수입이 2천만원 이하일 경우에는 종합과세와 분리과세 중에 선택할 수 있으며, 2천만원을 초과하는 경우에는 무조건 종합과세만 적용됩니다. 종합소득세가 누진세율이므로 '종합과세'가 '분리과세'보다 더 많은 것이 일반적이지만, 간혹 '분리과세'가 '종합과세'보다 세금이 더 많은 경우도 있으니 주택임대수입이 2천만원 이하인 분들은 세 부담이 적은 것을 선택해야 합니다.

1. 직접 세금 신고를 할 분이 아니라면 위의 서식들을 정확히 이해할 필요는 없습니다. 대충 흐름 정도만 이해하면 됩니다.

2. '주택임대소득'에 대한 소득세 납부액이 다른 불로소득에 비하면 세 부담이 크지 않습니다. 특별한 사정이 없는 한 주택임대등록을 하는 것이 주택임대소득세 측면에서는 유리합니다.

3. '종합과세'보다는 '분리과세'가 세 부담 측면에서 유리합니다. 주택임대소득 이외의 다른 소득이 많거나 주택임대소득이 2천만원을 약간 초과하는 경우는, 분리과세를 최대한 적용(2천만원 이하로 조정)받을 수 있도록 월세 조정 등을 검토해 보기 바랍니다.

04
세금보다 건강보험료가 더 무서워요
— 주택임대소득과 건강보험료

앞의 챕터에서는 주택임대소득이 분리과세되는 경우, 세금 부담이 생각보다는 크지 않다는 사실과 사업자등록을 하는 것이 주택임대소득세 측면에서는 유리하다는 사실을 살펴보았습니다. 이번 챕터에서는 주택임대소득과 건강보험료에 대하여 알아보겠습니다.

1. 건강보험료
사실 사업하는 분들은 소득세보다 건강보험료를 더 무서워합니다.

① 2천만원 이상의 주택임대소득에 대한 건강보험료는 이전부터 시행되고 있었습니다. 그런데 2020년 11월부터 '2천만원 이하 주택임대소득'에 대하여도 건강보험료를 추가로 과세하기 시작하였습니다.

② 2019년부터 2천만원 이하 주택임대소득에 대하여 소득세를 과세하기 시작하였습니다. 2019년도 주택임대소득이 발생한 개인은 2020년 5월 31일까지 주택임대 소득세를 국세청에 신고·납부하고, 건강보험공단은 국세청 자료를 바탕으로 2020년 11월부터 해당 주택임대소득에 대하여 건강보험료를 부과하고 있습니다. 즉, 2019년도부터 주택임대소득이 과세됨과 동시에 다음해 11월 건강보험료 부과는 예정된 일이었습니다.

③ 다음 자료는 보건복지부에서 발표한 2천만원 이하 주택임대소득에

대하여 건강보험료를 부과한다는 보도자료의 일부입니다.[3] 아래 자료를 보면, '건강보험료 부과 대상자'와 앞에서 설명했던 '주택임대소득 신고 대상자'가 일치합니다.

2 **(부과대상)** 소득세 과세요건 주택 보유자에 건보료 부과

① **1주택은 비과세** (단, 9억 원 초과 및 국외 소재주택 제외),
② **2주택은 월세에 과세**, ③ **3주택 이상은 '월세와 보증금'**에 과세

과세요건 (주택 수(부부합산) 기준)		
주택 수	월세	보증금
1주택	비과세	-
2주택	과세	
3주택 이상		간주임대료'를 총수입금액에 산입

* 간주임대료 {(보증금 - 3억 원) × 임대일수 × 60% × 1/365 × 정기예금이자율 ('19년 귀속 2.1%)} - 해당 임대사업부분에서 발생하는 금융수입(수입이자 할인료 배당금의 합계액)

④ 아래의 자료는 '임대주택을 등록한 경우'와 '미등록한 경우'로 나누어 건강보험료를 부과한다는 내용입니다. 즉, 임대주택을 등록한 경우라면 1천만원 초과 시, 미등록한 경우라면 400만원 초과 시 건강보험료를 별도로 부과합니다.

3 **(부과 기준소득)** 연 수입금액 **2,000**만 원 이하 주택임대소득에 부과

○ ❶임대주택 등록한 경우 연 수입금액 **1,000**만 원 초과부터,
❷임대주택 미등록한 경우 연 수입금액 **400**만 원 초과부터 건보료 부과

 * 소득세 납부 시 '분리과세'를 선택한 경우에만 해당
  ('종합과세'를 선택한 경우 다른 소득금액과 합산한 종합소득금액에 건보료 부과)

구분	요건	필요경비	기본공제	건보료 부과기준
❶임대주택 등록	사업자등록(세무서) + 주택 임대사업자등록(지자체)	60%	400만 원	연수입 1,000만 원 초과~
❷임대주택 미등록	둘 중 하나 또는 모두 미등록	50%	200만 원	연수입 400만 원 초과~

 * 주택임대소득 제외한 **종합소득이 2,000만 원 이하**인 경우 기본공제 적용

---

3) 소득 중심의 건보료 부과체계에 한 반짝 다가서다!(보건복지부 보도자료, 2020.08.19) 참조

⑤ 아래의 표를 보면 '주택임대수입금액(총수입금액)'이 1천만원인 경우와 400만원인 경우, 필요경비와 기본공제를 차감하면 '주택임대소득금액'은 제로(0)가 됩니다. 즉, 분리과세 적용 시 '주택임대소득'이 단 1원이라도 있으면 건강보험료를 부과한다는 자료입니다.

구분	주택임대등록	주택임대미등록	비교
주택임대수입금액	10,000,000	4,000,000	
필요경비	(6,000,000)	(2,000,000)	① 임대수입금액의 60%, 50%적용
기본공제	(4,000,000)	(2,000,000)	② 기본공제 400만원, 200만원
주택임대소득금액	0	0	

⑥ 현재 과세체제 하에서는 임대주택을 등록한 경우에는 1천만원, 등록하지 않은 경우에는 400만원까지의 주택임대수입에 대하여 건강보험료를 추가 부과하지 않지만, 주택임대수입이 해당 금액을 초과할 경우에는 피부양자 자격을 상실하여 지역가입자로 전환됩니다. 부부 중 한 사람이 소득이 없어 건강보험료 피부양자로 등록되어 있다면, 공동명의를 하기 전에 이를 검토하여야 합니다.

또한, 향후 필요경비 또는 기본공제의 축소를 쉽게 예상할 수 있으며, 이에 따라 건강보험료 부과 대상 범위가 점점 넓어질 것입니다. 참고로, 건강보험료 부과에 대한 자세한 내용은 건강보험관리공단에 직접 문의하는 것이 가장 좋습니다.

1. 우리나라에서 세금보다 무서운 것이 건강보험료입니다. 주택임대 소득이 단 1원이라도 있으면 지역가입자로 전환되어 건강보험료 가 부과됩니다. 현행 기준으로는 '주택임대수입'이 연간 1천만원 (미등록자 400만원) 초과 시 '주택임대소득'이 발생하게 되며, 피부 양자 자격을 상실하여 건강보험료가 별도로 부과됩니다.

2. 향후 주택임대 필요경비 축소를 쉽게 예상할 수 있으며, 1천만원 (미등록자 400만원) 미만의 주택임대수입이 있는 경우에도 건강보 험료가 추가로 부과될 수 있습니다.

제8장

이제는 피할 수 없는 세금
–
상속세와 증여세

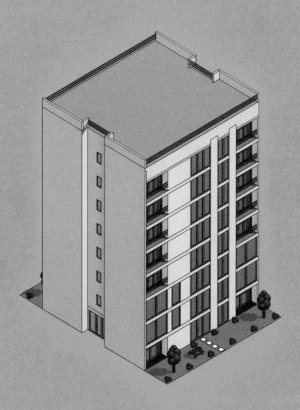

01
'상속'과 '증여', 같은 거 아닌가요?

이번 장에서는 상속과 증여에 대하여 알아보겠습니다. 상속과 증여를 동일한 것으로 생각하는 분들이 많습니다. 상속과 증여의 공통점과 차이점을 알아보고, 어떤 세금이 발생하는지 살펴보겠습니다.

1. '상속'과 '증여'의 공통점

상속과 증여의 공통점은 '부(富)의 무상 이전'입니다. 즉, 상속과 증여 모두 아무런 대가 없이 개인 A의 부가 개인 B에게 무상으로 이전된다는 공통점이 있습니다. 위의 공통점으로 인하여 '상속'과 '증여'를 구분 못하는 경우가 의외로 많습니다.

2. '상속'과 '증여'의 차이점

상속과 증여의 근본적인 차이를 구분 못하는 분들이 의외로 많습니다. 쉽게 설명하면, '상속'은 돌아가셨을 때 하는 것이고, '증여'는 살아 있을 때 하는 것입니다. 물론 유증이나 사인 증여 등의 특수한 경우가 있으나, 세법의 입장에서는 위의 경우와 크게 다르지 않습니다.

3. '상속'과 '증여' 시 발생하는 세금

'상속'이 발생하는 경우 '상속세' 납세의무가 생기고, '증여'가 발생하는 경우 '증여세' 납세의무가 생깁니다.

4. '상속'과 '증여'의 용어 해설

상속 :	피상속인	상속인
증여 :	증여자	수증자

① 위의 그림을 보면 아버지(父)로부터 아들(子)에게 무상으로 재산 이전이 발생합니다.

위의 부(富)의 무상 이전은 '상속'일까요, '증여'일까요? 간단합니다. 아버지가 살아 있을 때 부(富)가 이전되면 '증여', 돌아가시고 나서 부가 이전되면 '상속'입니다.

② 상속이 발생한 경우, 누가 '상속인'이 될까요? 상속세법에서는 상속을 받는 자를 '상속인'이라고 합니다. 그리고 상속 재산을 주는 자(사망자)를 '피(被)상속인'이라고 합니다. 저는 쉽게 외우기 위해 돌아가신 분(피 흘리는 자)을 피상속인이라고 외웠습니다.

③ 증여가 발생한 경우, 누가 '증여자'일까요? 재산을 증여하는 자를 '증여자'라고 하며, 재산을 받는 사람을 '수증자'라고 합니다. 증여자의 '증(贈)'은 '줄' 증, 수증자의 '수(受)'는 '받을' 수입니다.

④ '피상속인과 상속인', '증여자와 수증자'라는 용어는 알아두는 것이 좋습니다. 인터넷 경제 기사 등에서 은근히 많이 나오는 단어이며, 해당 용어를 모르거나 반대로 아는 경우 기사를 제대로 이해할 수가 없습니다.

5. '상속'과 '증여'가 발생하였을 경우, 상속세나 증여세는 누가 납부하여야 할까요?

① 세법은 세무상 이익을 얻는 자가 세금을 부담하는 것이 원칙입니다. 상속일 경우에는 '상속인', 증여일 경우에는 '수증자'가 원칙적으로 세금을 부담합니다.

② 상속의 경우에는 피상속인은 당연히 고인이 되셨기 때문에 납부의무를 질 수 없으며, '상속인'이 상속세를 부담합니다.

③ 증여의 경우에는 부의 무상 이전으로 경제적 이익을 얻는 '수증자'가 납세의무를 부담합니다. 하지만 수증자가 납부할 능력이 없는 경우, 증여자가 연대납부의무를 부담하기도 합니다.

④ 실무상 미성년자에게 토지 등을 증여하는 경우, 수증자는 별도의 소득이 없어 증여세를 납부할 능력이 없습니다. 이런 경우 증여자가 수증자 대신 증여세를 납부해 주기도 합니다. 하지만 그렇게 되면, 증여세 납부액 자체가 또 다른 증여가 되어 증여세가 재차 부과되므로 주의해야 합니다.

1. 부(富)의 무상 이전으로 인한 세금으로는 '증여세'와 '상속세'가 있습니다.

2. 돌아가시고 부의 무상 이전이 발생하면 '상속세'를 납부하여야 하고, 살아 계실 때 부의 무상 이전이 발생하면 '증여세'를 납부하여야 합니다.

3. 상속의 경우, 상속 재산을 주는 자(돌아가신 분)를 '피상속인', 상속 재산을 받는 자를 '상속인'이라고 하며, 상속세는 당연히 '상속인'이 부담합니다.

4. 증여의 경우, 재산을 주는 사람을 '증여인', 재산을 받는 자를 '수증인'이라고 하며, 증여세는 경제적 이익을 얻는 '수증인'이 부담합니다.

5. 증여세를 증여인이 대신 납부해 주는 경우, 재차 증여로 또 다른 증여세가 부과되니 주의해야 합니다.

02
증여받는 사람이 많을수록
증여세가 감소합니다

앞의 챕터에서는 상속과 증여의 공통점과 차이점에 대하여 살펴보았습니다. 이번 챕터에서는 상속과 증여의 가장 큰 차이 중 하나인 과세 대상 자산 범위에 대하여 알아보겠습니다.

상속과 증여는 과세 대상 자산의 범위가 다르며, 이에 따라 과세 유형이 다릅니다.

① 상속세는 피상속인(사망자)의 상속 재산 전부를 기준으로 과세합니다. 이를 조금 어려운 말로 '유산과세형'이라고 합니다. 즉, 사망인이 남긴 유산 전체에 대하여 상속세가 과세됩니다.

② 증여세는 수증자가 받은 재산을 기준으로 과세를 합니다. 이를 '취득과세형'이라고 합니다. 즉, 증여세는 받은 사람의 실제 취득한 금액만큼만 증여세를 과세합니다.

구분	상속세	증여세
과세 대상 재산	피상속인 상속 재산 전부	실제받은 증여 재산
	유산과세형	취득과세형

[예시] 김절세 씨의 재산(총 10억)을 두 자녀에게 각각 5억씩 나누어주는 경우

① '사망'으로 인하여 재산이 이전되는 경우

전체 금액(유산과세형)인 총 10억에 대하여 상속세가 부과되며, 10억 전체

에 대하여 누진세가 적용됩니다. 그리고 유산 전체인 10억에 대한 상속세를 상속 지분 비율에 따라 두 자녀가 나누어 납부하게 됩니다.

② '증여'인 경우

두 자녀는 각자 실제 수령한 5억(취득과세형)에 대하여 누진세율을 적용하여 각각 증여세를 납부하게 됩니다.

10억을 1인에게 '상속'하는 경우와 2인에게 '상속'하는 경우를 비교하면, 과세 기준 10억이 변동이 없기 때문에 상속세 총액은 거의 변동이 없습니다.

반면 10억을 1인에게 '증여'하는 경우와 2인에게 '증여'하는 경우를 비교하면, 적용되는 누진세율이 작아져서 전체 증여세가 감소합니다. 즉, 10억을 1인에게 증여하는 경우 높은 누진세율 적용으로 인하여 증여세가 높게 산정되지만, 각각 5억씩 쪼개서 증여하면 두 명의 증여세를 합쳐도 10억을 1인에게 증여한 증여세보다 세 부담액이 줄어듭니다. 다시 말해서, 상속은 상속인이 증가하여도 전체 상속세가 거의 변함이 없으나, 증여는 수증자의 수(數)가 증가하면 납부하여야 할 증여세가 대폭 감소합니다.

▶▶ 오늘의 세금 상식 ◀◀

1. 상속세는 상속인이 증가하여도 전체 상속세는 거의 감소하지 않습니다.

2. 증여세는 1인에게 증여하는 것보다 여러 명에게 나누어 증여하는 편이 전체 증여세를 대폭 감소시킬 수 있습니다.

03
증여세의 과세 체계와 신고 기한

1. 증여세

'증여세'란 타인으로부터 재산을 무상으로 취득하는 경우, 증여받은 재산가액에 대해 부과하는 조세입니다. 재산을 증여하는 자를 '증여자', 재산을 받는 사람을 '수증자'라고 하며, 증여세는 경제적 이익을 얻는 '수증자'(증여받은 자)가 납세의무를 부담합니다.

2. 증여세의 대략적인 과세 체계는 다음과 같습니다.

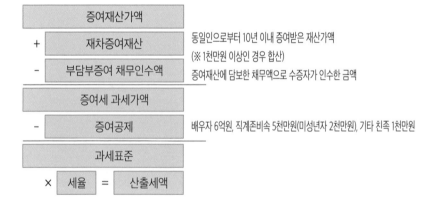

	증여재산가액	
+	재차증여재산	동일인으로부터 10년 이내 증여받은 재산가액 (※ 1천만원 이상인 경우 합산)
-	부담부증여 채무인수액	증여재산에 담보한 채무액으로 수증자가 인수한 금액
	증여세 과세가액	
-	증여공제	배우자 6억원, 직계존비속 5천만원(미성년자 2천만원), 기타 친족 1천만원
	과세표준	
×	세율 = 산출세액	

3. 증여세의 신고 기한

증여세는 증여를 받은 달 말일부터 3개월 이내 신고·납부하여야 합니다.

즉, 2019년 1월 1일 증여를 받았다면, 2019년 4월 30일까지 증여세를 신고

납부하셔야 합니다.

이제 항목을 하나씩 짚어보면서 절세 포인트를 살펴보겠습니다.

04
현금보다 부동산이 증여에 유리합니다

증여받는 자산의 가액을 '증여재산가액'이라고 합니다. 보통 부동산이 대부분이며, 가끔 예금이나 현금 등이 있습니다.

① 증여재산가액 평가의 원칙은 '시가'입니다.

'시가'란 불특정다수인 사이에 자유로이 거래가 이루어지는 경우에 성립된다고 인정되는 가액을 말합니다. 단, 상속세 및 증여세 법에서는 시가를 산정하기 어려운 경우에 한하여 '보충적인 평가방법'에 의해 자산을 평가하도록 되어 있습니다.

② 부동산의 평가 원칙

현금, 예금, 상장주식 등은 시가가 명확합니다. 예를 들어 2천만원 예금의 경우, 시가는 당연히 2천만원이며, 상장주식의 경우 매일 주식시장에서 거래되는 가액이 있습니다. 그러나 부동산의 경우 동일한 부동산을 찾기가 힘들고 자주 거래되는 품목이 아니기 때문에 명확한 시가를 적용하기가 쉽지 않습니다. 그래서 주로 사용되는 '보충적인 평가방법'이 '기준시가' 입니다. 보통 부동산 기준시가는 시가의 60~80% 정도입니다.

기준시가가 시가보다 낮기 때문에, 일반적으로 부동산을 증여하는 것이 현금, 예금, 상장주식 등을 증여하는 것보다 유리합니다.

③ 부동산 증여 시 주의 사항

토지나 상가의 경우 대부분 '기준시가'로 평가합니다. 동일한 부동산이 없으므로 '시가'로 평가를 할 수 없기 때문입니다. 단, 증여일 전 6개월부터 증여일 후 3개월(상속 개시일 전후 6개월) 이내에 거래가 없어야 합니다. 증여일 전 6개월부터 증여일 후 3개월(상속 개시일 전후 6개월) 이내 기간 중 매매사례가액, 감정가액, 보상가액, 경매가격 등이 있는 경우 그 가액을 '시가'로 보기 때문입니다.

[예시] 김절세 씨는 2019월 1월 1일 상가 시가 10억(기준시가 6억)의 상가를 아버지로부터 증여받았습니다. 통상적으로 상가는 유사한 부동산이 없으며, 6개월 및 3개월 이내에 거래된 사례도 없기 때문에 시가 10억이 아닌 기준시가 6억을 기준으로 증여세를 신고하였습니다. 이후 김절세 씨는 해당 상가를 2019년 3월 31일에 급전이 필요하여 10억에 매각하였으며, 관련 양도소득세도 모두 납부하였습니다. 그러나 2020년 어느 날, 국세청으로부터 증여세를 추가로 납부하라는 고지서가 날아옵니다.

☞ 김절세 씨는 본인이 증여받은 상가를 3개월 이내에 양도하였고, 본인의 양도 거래가 매매사례가액으로 간주되어 증여재산가액이 기준시가 6억이 아닌 매매사례가액 10억이 되어 추가적인 증여세를 납부하게 된 것입니다.

김절세 씨처럼 특수관계인(부모)으로부터 증여받은 후 5년 이내에 양도하면 '이월과세'에 해당하여 양도소득세 측면에서도 큰 혜택을 받지 못합니다. ➠ 「증여한 부동산은 5년간 관리가 필수 — 이월과세 무조건 피해야 하는 이유」편(138쪽) 참조

증여받은 자산은 최소 3개월(상속 재산의 경우 최소 6개월)은 보유하고 있어

야 하며, 양도해서는 안 됩니다. 또한 은행에 담보로 제공하여 시가 평가를 받게 되면, 감정가액이 시가로 간주되어 증여세가 추가로 부과될 수 있습니다. 양도소득세 측면(이월과세)까지 고려한다면, 최소 5년 이상 보유하여야 증여가액을 취득가액으로 인정받을 수 있습니다.

▶▶ **오늘의 세금 상식** ◀◀

1. 부동산 증여 시 일반적으로 '기준시가'로 평가되므로 현금, 예금 등을 증여하는 것보다 유리합니다. 특히, 기준시가가 낮고 실거래가가 높은 부동산을 증여하시는 것이 유리합니다.

2. 기준시가로 증여를 받은 경우, 증여일로부터 3개월(상속 개시일로부터 6개월) 이내 양도 시, 양도가액을 시가로 간주하여 증여세를 추가로 납부할 수 있습니다. 증여받은 자산은 최소 3개월, 양도소득세까지 감안하면 5년 이상 보유해야 합니다.

05 토지는 기준시가, 아파트는 시가 평가?

앞 챕터에서 설명하였듯이 부동산은 시가 평가가 원칙입니다. 단, 시가를 알 수 없는 경우 보충적인 평가 방법으로 기준시가를 이용합니다. 그렇다면 모든 부동산이 기준시가로 평가될까요?

1. 토지, 개별주택

토지나 개별주택의 경우는 시가를 알기 어렵기 때문에 보충적 평가방법인 '기준시가'를 사용합니다. 토지는 '개별공시지가'를 사용하고, 개별주택의 경우에는 '개별주택공시가격'을 사용합니다.

앞 챕터에서 설명하였듯이 이러한 기준시가는 실제 시가의 60~80% 수준밖에 되지 않기 때문에 납세자에게 유리합니다. 실제로, 토지는 증여가 가장 많이 되고 있는 자산 중 하나입니다.

단, 이러한 기준시가를 적용하기 위해서는 증여일 전후 3개월 이내 기간 중에 매매사례가액 등이 없어야 합니다.

2. 아파트 증여

통상적으로 '공동주택(아파트)'은 국토해양부 실거래가가 공시되며, 이를 유사한 부동산으로 간주하여 '실거래가'를 시가로 간주합니다. 아파트도 개별주택과 마찬가지로 '공동주택 공시가격'을 매년 공시하고 있지만, 증여 평가액으로 인정하지 않습니다.

즉, 아파트는 부동산임에도 불구하고 실거래가를 증여재산가액으로 평가하니 주의해야 합니다.

3. 혹시 '꼬마빌딩'이라고 들어보았나요?

상가 등이 있는 3~5층 정도의 규모가 작은 비거주용 부동산을 '꼬마빌딩'이라고 부릅니다. 해당 건물은 유사 건물이 없어 증여 시 기준시가로 평가됩니다. 그래서 부자들이 증여 목적으로 많이 구입하여 실제로 자녀들에게 증여를 하는 것으로 알려져 있습니다. 그런데 2020년부터 꼬마빌딩을 증여, 상속하는 경우, '기준시가'가 아닌 '감정가액'을 사용해서 증여세를 과세한다고 합니다.

그렇다고 모든 상가에 대하여 감정가액을 적용하는 것은 아니며, 납세자가 기준시가를 이용하여 증여세 등을 신고하게 되면, 국세청이 시가와 기준시가의 차이가 큰 부동산을 선별해 외부 감정평가 기관에 평가를 맡깁니다. 물론 이러한 감정평가 비용은 국세청이 모두 직접 부담합니다. 따라서 이제는 꼬마빌딩 증여를 통한 부의 이전 위험이 이전보다 조금 더 커졌다고 보면 됩니다.

1. 통상적으로 토지, 상가의 경우에는 '기준시가'로 증여가액이 정해지지만, 아파트(공동주택)의 경우에는 '실거래가'를 증여재산가액으로 신고하여야 합니다.

ps. 2019년도까지 꼬마빌딩 같은 소규모 상가의 경우, 기준시가로 평가하여 증여세를 납부하였습니다. 그런데 이제는 100%는 아니더라도, 국세청이 직접 기준시가와 실제 시가의 차이가 큰 소규모 상가 등을 감정평가하여 증여세를 부과한다고 합니다.

이렇듯 납세자와 과세관청과의 숨바꼭질은 계속되고 있습니다. 과세관청이 규정을 만들면 납세자는 절세할 수 있는 틈새를 찾아 실행하고, 조금 지나면 과세관청은 그 틈새를 막고, 납세자는 또 다른 틈새를 찾고….

결국 우리가 해야 할 일은, 과세관청이 틈새를 막기 전에 절세를 실행하는 겁니다. 이는 탈세가 아닙니다. 합법적인 절세이기 때문에 당당히 실행하면 됩니다.

06
증여 재산, 순서가 중요합니다

증여의 목적은 최소한의 비용(증여세 등)으로 부(富)를 자녀 등에게 이전 시키기 위한 것입니다. 자녀에게 증여하는 경우, 어떤 재산을 먼저 증여할 것인가가 매우 중요합니다.

생각 없이 아무 재산이나 증여하면, 부의 이전 효과도 별로 없으면서 증여세만 많이 납부할 수 있습니다. 증여 재산, 순서가 중요합니다.

1. 임대소득이 있는 자산부터 증여

수익률이 높은 '임대소득이 있는 부동산'부터 증여하여야 합니다. 이 경우, 임대수입만큼의 추가적인 부(富)가 수증자에게 이전되어 소득의 분산 효과까지 누릴 수 있습니다.

예를 들어 김절세 씨가 월세 1천만원이 나오는 상가 A를 가지고 있다면, 다른 자산보다 상가 A를 자녀에게 증여하는 것이 절세 측면에서 유리합니다.

상가 A를 증여하게 되면 상가뿐 아니라 상가에서 매달 나오는 월세 1천만원까지 자녀의 소유가 되며, 자녀는 해당 임대수입을 이용하여 향후 다른 자산 취득에 사용되는 자금으로 활용하거나 부채를 상환할 수 있습니다.

2. 향후 가격 상승률이 높은 자산부터 증여

증여세는 '증여 시점의 가치를 기준'으로 부과되므로 증여 후 해당 자산의 가치가 상승할 경우, 수증자는 추가적인 세금 부담 없이 가치 상승에 따른 이익을 얻을 수 있습니다.

통상적으로 건물의 경우 매년 감가상각으로 가액이 감소하므로, 건물보다는 토지를 우선적으로 증여하는 게 유리합니다. 현금이나 예금은 거의 증여하지 않습니다. 자산 가치 상승이 없기 때문입니다.

3. 공시지가 확정 발표 전에 증여

국세청은 매년 5월쯤에 부동산 공시지가를 확정 발표하고 있으며, 대부분의 부동산의 공시지가는 매년 상승하고 있습니다. 어차피 증여할 부동산이라면 국세청이 당해 공시지가를 확정 발표하기 전에 증여하여, 전기 공시지가를 적용받는 것이 증여세 측면에서 조금이나마 유리합니다.

4. '부담부증여'를 활용

자산과 함께 부채도 함께 이전시키는 '부담부증여'를 활용하는 것이 좋습니다. ▄▶ *「고위공직자도 하는 양도와 증여의 절세스킬 ― 부담부증여」편 (125쪽) 참조*

즉, 건물 증여 시 해당 건물의 임대보증금이나 은행 차입금 등의 부채를 동시에 증여하는 것을 '부담부증여'라고 하며, 이러한 부담부증여는 증여세를 대폭적으로 절감시킬 수 있습니다.

5. 비과세 항목 활용

증여세 비과세 항목을 최대한 활용해야 합니다. 통상적인 증여세 비과세 항목은 다음과 같습니다.

① 사회통념상 인정되는 치료비용, 피부양자의 생활비, 교육비 등

② 축하금, 부의금 등 사회통념상 인정되는 물품

③ 혼수용품(일상생활에 필요한 가사용품에 한하며, 호화사치용품이나 주택·차량은 포함하지 않습니다)

④ 장애인을 보험금 수령인으로 하는 보험금(연간 4천만원)

⑤ 이혼 시 정신적이나 재산상 손해배상 대가로 받은 위자료

통상적으로 부모가 자녀에게 주는 생활비, 용돈, 학자금 등과 일상적인 금전 거래는 증여세 과세 대상에서 제외됩니다. 또한 할아버지가 손자의 유학비 등을 대납해 주는 경우에도 증여세를 부과하지 않습니다.

그러나 만약 수증자가 해당 금액을 모아 전세 자금, 주택이나 자동차 구입 등의 재산 취득에 사용하여 본래 목적과 다르게 사용하다면 국세청이 이를 증여로 간주하고 증여세를 부과할 수 있습니다.

참고로, 사회통념상의 생활비는 명확한 한도가 정하여진 것이 아니며, 종합적으로 판단할 사항입니다.

1. 임대소득이 있는 자산부터 증여해야 합니다. 이 경우, 임대소득까지 수증자에게 함께 이전되어 소득의 분산 효과까지 누릴 수 있습니다.

2. 향후 가격 상승률이 높은 자산부터 증여해야 합니다. 가치 상승에 따른 이익을 수증자가 추가적인 세금 부담 없이 누릴 수 있기 때문입니다.

3. 부동산 공시지가 확정 전에 부동산을 증여하는 것이 증여세 측면에서 조금이나마 유리합니다.

4. 자산과 함께 부채를 동시에 증여하는 '부담부증여'를 활용하는 것이 좋습니다.

5. 증여세 비과세 항목을 최대한 활용해야 합니다.

07
증여재산가액 '10년간' 합산해야 합니다

1. 재차증여재산

① '재차증여재산'이란 해당 증여일 전 10년 이내에 동일인으로부터 받은 증여재산가액을 말하며, 종전증여재산(재차증여재산)과 당기증여재산을 합산하여 증여세를 과세합니다. 우리나라의 증여세는 누진세를 적용하고 있으며, 나누어서 증여할 경우 낮은 세율이 적용됩니다. 한꺼번에 증여할 경우와 나누어서 증여할 경우의 형평성을 위해 동일인으로부터 10년 이내에 증여받은 재산을 누적으로 합산하여 과세합니다. 만약 재차증여재산 규정이 없다면, 증여할 재산을 쪼개어 매일 증여하면 증여세를 거의 납부하지 않아도 될 것입니다.

② 이때 주의할 사항은 '동일인(증여자)'이란 1인인 개인을 말하지만, 증여자가 직계존속(아버지, 어머니, 할아버지, 할머니)인 경우에는 그 직계존속의 배우자를 포함합니다. 즉, 아버지와 어머니를 함께 묶어서 동일인으로 보며, 할아버지와 할머니를 함께 묶어서 동일인으로 판단합니다.

[문제 1] 김절세 씨는 2019년 1월 1일 아버지에게 10억을 증여받았습니다. 2012년 1월 1일에 아버지에게 3억을 증여받았으며, 2011년 1월 1일에 어머니에게 1억을 증여받은 적이 있습니다. 이 경우, 김절세 씨의 증여세 과

세가액은 얼마일까요?

☞ 2019월 1월 1일 아버지에게 증여받은 10억과, 부모님이 10년 이내에 사전 증여한 4억(3억+1억)을 '재차증여재산'으로 보아 가산하여야 합니다. 직계존속의 경우 배우자까지 동일인으로 간주하기 때문에 2019년 증여세 과세가액은 10억이 아닌 14억이 됩니다.

[문제 2] 문제1의 김절세 씨가 만약 2011년 1월 1일에 어머니가 아닌 삼촌에게 1억을 증여받았다면 2019년 증여세 과세가액은 얼마일까요?

☞ 아버지와 삼촌은 동일인이 아니기 때문에 재차증여재산이 아니며, 2019년 증여세 과세가액은 13억(10억+3억)이 됩니다.

③ 참고로, 재차증여재산 증여 시 납부했던 증여세는 기납부세액으로 나중에 산출세액에서 공제됩니다.

2. 부담부증여 채무인수액

'부담부증여'란 자산을 증여하면서 채무를 동시에 증여하는 방식을 말합니다. 보통 건물을 증여하면서 해당 건물의 임대보증금 또는 은행대출금을 함께 이전하는 방식이며, 당연히 이전되는 채무(임대보증금 또는 은행대출금)는 부채이기 때문에 증여세 과세가액에서 차감합니다.

예를 들어 김절세 씨는 10억의 상가를 자녀에게 증여하면서, 상가 임대보증금 2억과 은행차입금 3억을 동시에 증여했다고 합시다. 이 경우 수증자의 증여세 과세가액은 10억이 아닌 5억(10억-2억-3억)이 되며, 10억인 상가를 부채 없이 그대로 증여받을 때보다 증여세가 대폭적으로 감소합니다.

3. 증여세 과세가액

증여재산가액에서 재차증여재산을 가산하고, 채무인수액을 차감하면
증여세 과세가액이 됩니다.

증여재산가액	
+ 재차증여재산	동일인으로부터 10년이내 증여받은 재산가액 (※ 1천만원 이상인 경우 합산)
− 부담부증여 채무인수액	증여재산에 담보한 채무액으로 수증자가 인수한 금액
증여세 과세가액	

▶▶ 오늘의 세금 상식 ◀◀

1. 우리나라 증여세는 동일인으로부터 10년 이내에 증여받은 재산을 모두 합
   산하여 과세하고 있습니다(재차증여재산 합산과세).

2. 증여자가 직계존속(부모, 조부모)일 경우, 그 직계존속의 배우자를 동일인으
   로 간주합니다.

08
태어나자마자 증여가 유행?
- 자녀공제 5천만원, 10년마다 증여하세요

1. '증여재산공제'란 재산 증여 시 일정액을 공제해 주는 제도입니다.

증여자(재산을 주는 자)	증여재산공제	특이사항
배우자	6억원	
직계존속(계부, 계모 포함)	5천만원	미성년자인 직계비속에게 증여하는 경우는 2천만원
직계비속	5천만원	
기타 친족	1천만원	기타 친족이란 6촌 이내 혈족 또는 4촌 이내 인척

위의 표를 보면 재산 증여 시의 증여재산공제가액을 알 수 있습니다. 배우자 증여재산공제 6억, 자녀 증여재산공제 5천만원, 미성년자 자녀 증여재산공제 2천만원 정도는 기억해 두는 편이 좋습니다.

즉, 배우자에게 6억까지 증여할 경우 증여세가 없으며, 마찬가지로 성인인 자녀에게 5천만원 증여 시 납부할 증여세가 없습니다.

2. 증여재산공제는 10년 동안 적용되는 금액입니다.

증여재산공제는 증여를 받을 때마다 적용되는 것이 아니며, 10년 동안 증여받은 총금액에서 공제받을 수 있는 금액입니다. 10년이 넘으면 새로운 증여재산공제가 적용됩니다.

3. 요즘은 자녀가 태어나자마자 증여하는 것이 유행입니다.

태어나자마자 2천만원을 증여하고, 10살 때 다시 2천만원을 증여하고, 20살 때 5천만원을 증여하고, 30살 때 다시 5천만원을 증여하면, 증여세를 부담하지 않고도 '합법적으로' 자녀가 30살이 될 때까지 1.4억을 이전할 수 있습니다.

만약 증여재산이 부동산이거나 비상장주식일 경우, 30년 동안의 자산 가치 상승을 고려한다면 생각보다 많은 금액을 증여세 부담 없이 자녀에게 합법적으로 증여할 수 있습니다.

4. 배우자증여재산 공제가 6억입니다. 배우자증여재산 공제금액이 큰 이유는 부부는 재산 형성에 공동으로 기여한 바가 크다고 인정하기 때문입니다.

배우자증여재산 공제를 통한 양도소득세 절세 방안이 많이 사용되고 있습니다. '이월과세'를 피할 수만 있다면 '증여 후 양도' 방법을 사용하여 세금을 대폭 절감할 수 있습니다.

➡ 「*증여와 양도를 이용한 절세비법 — 증여 후 양도*」*편(134쪽) 참조*

5. 증여재산공제는 수증자 기준으로 적용합니다.

앞 챕터에서 설명하였듯이 증여는 수증자가 얻은 이익 기준(취득과세형)으로 과세합니다. 증여재산공제도 마찬가지로 수증자 기준으로 적용합니다.

[문제] 2018년 할아버지에게 1억을 증여받았으며, 직계비속에 대한 증여재산공제 5천만원을 공제하여 증여세 과세표준은 5천만원입니다. 2019년 아버지에게 1억을 다시 증여받았다면, 증여재산공제 5천만원을 다시 공제할

수 있을까요?

☞ 아쉽게도 직계존속(아버지, 어머니, 할아버지, 할머니) 증여재산공제는 10년
간 5천만원이 한도입니다. 이미 2018년 할아버지 증여 시 이를 모두 사
용하였으므로 더 이상 사용할 수 없습니다. 결국 2019년 아버지에게 증
여받은 1억에 대한 증여재산공제는 없습니다. 즉, 수증자 기준으로 10년
간 직계존속(아버지, 어머니, 할아버지, 할머니) 모두 합쳐서 5천만원만 적용
됩니다.

▶▶ 오늘의 세금 상식 ◀◀

1. 증여재산공제는 10년간 배우자에게 증여 시 6억, 성인 자녀에게 증여 시 5
천만원, 미성년 자녀에게 증여 시 2천만원 공제되며, 해당 금액은 상식으로
알아두는 것이 유익합니다.

2. 자녀에게 증여 시 10년마다 적용되는 증여재산공제를 최대한 활용하는 것
이 좋습니다. 즉, 10년마다 5천만원씩 증여하면, 증여세 부담 없이 자녀에
게 합법적으로 재산을 이전시킬 수 있습니다.

3. 배우자증여공제(6억) 제도를 활용하여 '증여 후 양도' 방법을 사용하면 세금
을 대폭적으로 절감할 수도 있습니다.

09
손자에게 직접 증여, 30% 할증됩니다

1. 증여세 과세표준

증여세 과세가액에서 증여재산공제를 차감한 금액이 증여세 과세표준이 되며, 증여세 산출세액의 기준이 됩니다.

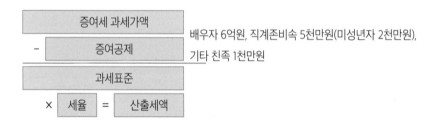

증여세 과세가액	
− 증여공제	배우자 6억원, 직계존비속 5천만원(미성년자 2천만원), 기타 친족 1천만원
과세표준	
× 세율 = 산출세액	

2. 세율

과세표준에 세율을 곱하면 납부하여야 할 증여세 산출세액이 됩니다. 증여세 과세표준에 대한 세율은 다음과 같이 누진세율을 적용받습니다. 증여세 세율은 나중에 설명할 상속세 세율과 동일합니다.

과세표준	세율	누진공제액
1억원 이하	10%	−
5억원 이하	20%	1천만원
10억원 이하	30%	6천만원
30억원 이하	40%	1억 6천만원
30억원 초과	50%	4억 6천만원

예를 들어 성인자녀에게 5억 증여시 증여세 산출세액은 8천만원(증여재산공제 5천만원 적용, 4.5억×20%-1천만원)이며, 10억 증여시 증여세 산출세액은 2.25억(9.5억×30%-6천만원)입니다.

증여재산이 10억이 넘으면 세율이 무려 40%가 적용되며, 최고세율은 50%입니다.

우리나라의 증여세(상속세) 세율은 세계에서 가장 높은 수준이며, 이러한 높은 세율로 인하여 사회지도층의 편법 증여와 상속 등이 항시 끊이지 않는 사회 이슈가 되기도 합니다.

3. 세대생략할증세액

'세대생략할증과세'는 조부모가 손자손녀에게 직접 증여하는 경우 일반적인 증여세 산출세액보다 30%(40%)를 추가로 부담하도록 한 규정입니다. 일반적인 증여의 경우 증여세 산출세액이 1천만원이라고 한다면, 세대를 건너뛴(세대 생략) 증여의 경우 30%의 세액을 할증한 1천300만원의 증여세가 부과됩니다.

조부모가 손자손녀에게 재산을 직접 증여하게 되면, 조부모 → 부모 → 손자손녀 순으로 이전되는 일반적인 단계에 비해 증여 횟수가 한 단계 줄어들기 때문에 이에 추가로 과세하는 것입니다. 손자손녀가 미성년자이면서 20억 이상 증여 시 할증세율은 40%가 적용됩니다.

세대생략할증과세	할증세율
일반적인 할증과세	30%
미성년자 and 20억 이상 증여	40%

단, 중간세대인 부모가 사망한 상태에서 불가피하게 조부모가 손자손녀에게 증여하는 경우에는, 세대생략할증과세를 적용하지 않고 일반적인 증여세율이 적용됩니다.

4. 신고세액공제

증여세는 증여를 받은 달 말일부터 3개월 이내 신고·납부하여야 합니다. 증여세를 신고 기한 내에 신고·납부하는 경우 다음과 같이 신고세액공제를 적용받을 수 있습니다.

	2019년	2018년	2017년	2016년 이전
신고세액공제	3%	5%	7%	10%

위의 표에서 보듯이 신고세액공제는 점차 축소되고 있으며, 멀지 않아 폐지되지 않을까 조심스럽게 예상해 봅니다. 참고로, 양도소득세 신고세액공제(10%)도 위와 같이 단계적으로 축소되었으며, 지금은 완전 폐지되었습니다.

1. 우리나라의 상속세 및 증여세 세율은 세계에서 최고입니다. 상속과 증여를 미리미리 준비하고, 장기적인 플랜을 세워 실행해야 하는 근본적인 이유입니다.

2. 조부모가 손자손녀에게 직접 증여하는 세대 생략 증여의 경우에는 일반적인 증여세 산출세액에서 30%(40%)의 증여세가 할증됩니다.

3. 증여세는 증여를 받은 달 말일부터 3개월 이내 신고, 납부하여야 합니다.

ps. 지금까지 증여세에 대한 전반적인 사항과 절세 방안에 대하여 알아보았습니다. 증여세를 감소시킬 수 있는 방안을 여러 방면으로 살펴보았으나, 증여세를 가장 쉽게 감소시키는 방안은 앞 챕터에서 설명하였듯이 수증자의 수를 늘리는 것입니다. 특히 증액재산이 거액으로 높은 세율이 적용되는 경우에 분산 증여의 절세 효과는 더욱 크게 나타납니다. 즉, 높은 누진세를 회피하기 위해서는 자녀 1인에게 증여하는 것보다 여러 자녀에게 증여하는 것이 증여세 절세의 기본임을 잊지 않아야 합니다.

10
상속세의 과세 체계와 신고 기한

1. 상속세란?

상속세는 자연인의 사망을 원인으로 무상으로 이전되는 재산을 과세 물건으로 하여 그 취득자에게 과세하는 조세입니다. '상속인'은 재산을 상속받은 사람, '피상속인'은 사망한 사람을 지칭합니다. 상속세의 납세의무자는 당연히 '상속인'입니다.

2. 상속세의 대략적인 과세 체계는 다음과 같습니다.

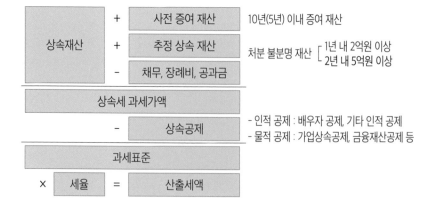

3. 상속세의 신고 기한

상속세는 상속 개시일(피상속인의 사망일)이 속하는 달의 말일부터 6개월 이내에 신고·납부하여야 합니다. 상속세의 특성(형제 간 재산 배분 등)을 감안하여 다른 세금에 비하여 신고 기한에 여유가 있는 편입니다.

이제 항목을 하나씩 짚어보면서 절세 포인트를 살펴보겠습니다.

11
법정 상속분의 계산

1. 상속분의 결정

상속 재산의 분배가 어떻게 이루어지는지부터 살펴보겠습니다.

① 상속분의 결정은 피상속인의 유언이 우선입니다. 단, 유류분은 침해하지 않아야 합니다.

② 피상속인의 유언이 없을 경우 법정 상속분이 적용됩니다. 일반적으로 배우자와 직계비속(자녀)이 공동 상속인이 되며, 배우자의 상속분은 직계비속보다 50% 추가로 받을 수 있습니다. 다음의 표는 배우자와 자녀가 한두 명 있을 경우의 법정 상속분을 나타낸 표입니다.

구분	상속분	비율
배우자, 자녀가 하나인 경우	자녀 1	2/5
	배우자 1.5	3/5
배우자, 자녀가 둘인 경우	자녀 1	2/7
	자녀 1	2/7
	배우자 1.5	3/7

③ 유류분이란 배우자와 직계비속(자녀)의 경우, 법정 상속분의 1/2입니

다. 유류분의 취지는 피상속인이 자신의 유산을 자유롭게 처분할 수 있으나, 이를 무제한으로 인정하게 되면 경우에 따라 잔여 가족의 생계가 위협당할 수 있으므로, 그 가족에게 일정 비율을 보장해 주는 제도입니다.

[문제] 피상속인 김절세 씨는 사망 직전 전 재산 7억을 학교법인에 기부하였습니다. 이에 유류분 권리자인 배우자와 두 자녀의 유류분을 계산하면?

☞ 배우자 : 1억 5천만원(7억 × 3/7 × 1/2), 두 자녀 : 각자 1억(7억 × 2/7 × 1/2)

12
상속 개시 전 미리 인출한 현금,
준비하지 않으면 상속세 내야 합니다

1. 상속 재산

① 상속 재산은 피상속인의 사망 당시 피상속인에게 귀속되는 모든 재산을 말합니다. 보통 부동산, 예금, 주식 등이 있습니다.

② 상속 재산에는 사망으로 받을 보험금, 퇴직금 등을 포함하여야 합니다. 사망일 현재 통장에 없다고 상속 재산에서 이를 누락하면 안 됩니다.

③ 상속 재산가액 평가의 원칙은 증여 재산과 동일합니다. '시가' 평가가 원칙입니다.

2. 사전 증여 재산

① 상속 직전 증여로 재산을 빼돌리는 것을 방지하기 위한 장치입니다. 상속 개시일 기준 상속인 10년, 상속인이 아닌 자 5년 이내에 증여한 재산을 사전 증여 재산으로 상속 재산에 가산합니다. 증여는 피상속인이 돌아가시기 10년 전부터 합산하기 때문에 증여도 미리미리 하여야 합니다.

② 가끔 기사를 보면, 사회단체 등에 거액의 기부를 하였으나 갑자기 사망하여 거액의 상속세가 자녀에게 부과된다는 내용이 있습니다. 이는 상속인이 아닌 자에게 5년 내 증여한 재산도 '사전 증여 재산'으로 상속세에 가

산되기 때문이며, 자녀 입장에서는 상속받은 재산도 없는데 상속세를 납부하여야 하는 상황이 발생하는 것입니다.

③ 사전 증여 재산은 '증여 당시' 과세가액으로 합산되기 때문에, 향후 가치 상승이 기대되는 자산을 사전 증여 재산에 포함될 위험을 감수하고 증여하는 것도 절세 방안입니다.

예를 들어 2010년 시가 3억의 상가를 아버지가 자녀에게 증여하였으나, 2019년 아버지가 사망하였습니다. 사망 당시 현재 상가 시가는 10억이지만, 상속세 사전 증여 재산에 가산되는 금액은 증여 당시 과세가액, 즉 3억입니다. 물론 아버지가 2020년 이후에 사망하면 증여 후 10년이 지났고 사전 증여 재산에 아예 포함되지 않기 때문에 더욱 좋습니다.

3. 추정 상속 재산

① '추정 상속 재산'이란 상속 개시일 전 처분한 재산이나 인출한 금액을 말합니다. 상속 직전에 일정 금액 이상의 재산이 감소한 경우, 해당 사용처를 입증하지 못하면 상속 재산으로 추정하는 제도입니다.

② 재산 종류별로 1년 내 2억 이상, 2년 내 5억 이상인 경우, 이를 상속인이 소명하여야 합니다.

③ 재산 종류별이란?

㉠ 현금, 예금, 유가증권

㉡ 부동산 및 부동산에 관한 권리

㉢ ㉠ 및 ㉡ 이외의 기타 재산

④ 예를 들어 상속 개시일 전 1년 이내에 예금인출액이 1억이고, 부동산 처분 금액이 3억일 경우에는, 재산 종류별로 소명의무가 부여됩니다. 예금

인출금액은 사용처 소명 대상이 아니지만(1년 내 2억 미만), 부동산 처분 금액 3억(1년 내 2억 이상)은 어디에 사용하였는지 소명하여야 합니다. 이는 돌아가시기 직전에 거액의 예금을 인출한다든지, 부동산을 급매로 처분한다든지 하는 재산 회피 행위를 방지하기 위하여 만든 조문입니다.

실무적으로 재산 종류별로 2년 내 5억 이상이기 때문에 이를 잘 활용하면 몇 억 이상의 상속 재산을 줄일 수도 있습니다.

⑤ 소명은 80%만 입증해도 상속 재산에서 배제합니다. 단, 입증 금액이 80%를 초과하더라도 미입증 금액이 2억을 초과하는 경우 이를 추정 상속 재산에 포함합니다.

⑥ 실제 상속세를 조사하는 경우, 주요 통장의 '최소 2년간' 거래 내역을 요구합니다. 즉, 통장 내역에서 거액이 인출되거나 입금되는 부분은 국세청에서 소명 자료를 요구할 수 있습니다. 상속세를 준비하는 입장에서는, 상속 개시일로부터 '최소 2년' 동안의 입출금 내역 중 거액의 출금액에 대해서는 사용처를 반드시 알고 있어야 합니다.

1. 상속 재산에서 사망일 현재 입금되지 아니한 퇴직금, 보험금 등을 누락하지 않도록 주의해야 합니다.

2. 상속 전 증여는 상속 재산에 가산되기 때문에 신중해야 합니다. 좋은 의도에서 사회단체 등에 기부하였으나, 사망 후 자녀들에게 뜻밖의 세금폭탄이 될 수도 있습니다.

3. 사전 증여 재산은 증여 당시 과세가액으로 합산되기 때문에, 향후 가치 상승이 높을 것으로 예상되는 자산은 상속과 상관없이 증여하는 것도 좋은 절세 방안입니다.

4. 상속 추정 재산은 재산 종류별로 1년 내 2억 이상, 2년 내 5억 이상입니다. 재산 종류별로 2년 내 5억 이상이므로 이를 활용하여 상속세를 절감할 수도 있습니다.

5. 상속세 조사 시 최소 상속 개시일 2년 전까지의 통장을 조사합니다. 이에 상속인은 2년간 통장 거래 내역 중 거액의 입출금이 발생한 건은 거래처와 세부 내역을 알고 있어야 합니다.

13
병원비는 상속 재산에서 납부해야 합니다

1. 상속세 과세가액

상속 재산에서 사전 증여 재산과 추정 상속 재산을 더하고, 채무 등을 차감하면 상속세 과세가액이 됩니다.

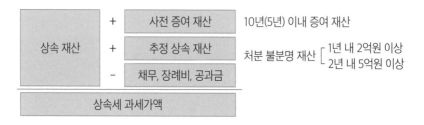

2. 채무, 공과금, 장례비용

① 상속 재산에서 채무는 당연히 공제합니다. 주요 채무는 은행차입금과 부동산 임대보증금이 있습니다.

② 미지급된 병원 치료비도 채무에 해당합니다. 일반적으로 사망 전 병원비를 자녀들이 부담하는 경우가 많은데, 이러한 경우 상속 재산은 변함이 없습니다. 즉, 병원비를 사망한 후에 지급하거나, 사망 전 지출 시에는 피상속인의 재산으로 부담하는 것이 세금 측면에서 유리합니다.

실무적으로 사망 전 병원비는 거액인 경우가 많고, 이를 부모님에게 부담시키면 굉장히 섭섭해 하시는 부모님들이 많습니다. 하지만 세 부담을 줄이기 위해서는 자녀들이 별도의 통장을 만들어 나중에 부모님께 드리더라도 병원비는 피상속인 재산으로 부담해야 합니다.

③ 사망 전 피상속인이 부담할 공과금은 차감 항목입니다. 주요 공과금으로는 재산세와 종합부동산세 등이 있습니다. 예를 들어 피상속인이 6월 5일 사망한 경우, 종합부동산세는 12월에 고지됩니다. 이러한 경우, 종합부동산세 등이 채무에서 누락될 수 있으니 주의해야 합니다.

④ 통상 장례식장에서는 경황이 없어서 증빙을 잘 챙기지 못합니다. 그래서 증빙이 없어도 500만원은 기본적으로 공제해 주며, 증빙이 있는 경우에는 1천만원까지 공제해 줍니다. 특히, 봉안시설이나 자연장지를 이용할 경우에는 최대 1천500만원까지 공제되기 때문에 증빙을 꼭 챙겨야 합니다.

▶▶ **오늘의 세금 상식** ◀◀

1. 병원비는 반드시 피상속인의 재산으로 부담하십시오.

2. 장례비는 증빙 없이 500만원까지 공제됩니다. 하지만 요즘 장례비용은 500만원이 넘기 때문에 장례 한도인 1천만원까지는 증빙을 챙겨야 합니다.

14
상속 재산 10억 이하는 상속세가 없습니다

1. 상속 공제

상속 공제의 일반적인 내용은 다음과 같습니다.

<일반적인 경우>

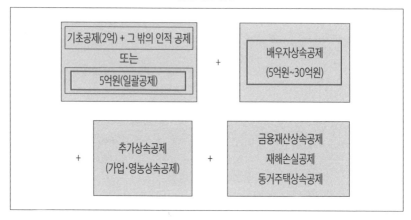

2. 일괄 공제

① 기초 공제액은 2억입니다.

② 그 밖의 인적 공제는 자녀 1인당 5천만원, 장애인 공제 등이 있습니다.

③ 일괄 공제는 5억입니다.

④ '기초 공제 2억과 그 밖의 인적 공제를 합한 금액'과 일괄 공제 5억 중

에 선택하도록 되어 있지만, 요즘은 대부분 일괄 공제(5억)가 선택됩니다.

단, 자녀가 아주 많거나 장애인이 있는 경우에는 '기초 공제+그 밖의 인적 공제'가 5억을 초과하여 선택될 수 있습니다. 또한 배우자가 단독으로 상속받는 경우에는 일괄 공제를 선택할 수 없으며, 기초 공제 2억만 공제됩니다.

3. 배우자 상속 공제

① 배우자 상속 공제는 배우자가 실제 상속받은 금액을 공제해 주는 제도로, 최소 5억에서 한도가 30억입니다. 한도가 30억으로 공제금액이 아주 큰데, 이는 배우자가 재산 형성에 대한 기여를 같이 했다고 보고 부부간 재산 이전에 대해서는 상속세를 완화해 주는 것입니다. 그리고 받은 재산이 없거나 무신고일지라도 5억은 기본으로 공제해 줍니다.

② 배우자가 생존하고 자녀가 있을 경우, 일괄 공제 5억 + 배우자 공제 5억 = 최소 10억이 공제가 됩니다. 배우자가 사망하고 자녀만 있을 경우는 배우자 공제가 적용되지 않아 최소 5억만 공제됩니다. 배우자 단독 상속 시 일괄 공제는 적용할 수 없으며, 기초 공제 2억+배우자 공제 5억 = 최소 7억이 공제됩니다.

배우자 생존 + 자녀 有	일괄 공제(5억) + 배우자 공제(5억) = 최소 10억 공제
배우자 사망 + 자녀 有	일괄 공제(5억) = 최소 5억 공제
배우자 단독상속(자녀 無)	기초 공제(2억) + 배우자 공제(5억) = 최소 7억 공제

③ 부모님이 두 분 다 살아계신 경우에는 최소 재산이 10억은 있어야 상

속세 고민을 하게 됩니다. 어찌 보면 상속세 고민을 한다는 것은 행복한 고민입니다. 상속세를 내고 싶어도 못 내는 사람이 대부분입니다. 실제로 상속세를 내는 사람은 전체 국민의 2% 정도로 알려져 있습니다.

하지만 앞으로는 상속세 내는 비율이 기하급수적으로 늘어날 것이라고 예상됩니다. 최근 부동산 급등으로 서울 아파트 중위값이 9억을 넘어갔으며, 이제는 돌아가신 부모님이 서울에 아파트 한 채(아파트는 시가로 과세)만 있어도 상속세를 피하기 어려울 것으로 예상됩니다. 특히 배우자가 없을 경우, 일괄 공제(5억)만 적용되기 때문에 납부할 세금도 상당할 것이라고 예상됩니다.

④ 일반적으로 배우자 상속을 많이 하여 배우자 상속 공제를 많이 받는 것이 절세에 도움이 됩니다. 예를 들어 부친의 상속 재산이 35억이고, 배우자와 자녀 2명이 있습니다.

[가정1] 배우자에게 상속하지 않는 경우

상속 재산(35억)-일괄 공제(5억)-배우자 상속 공제(5억) = 상속세 과세표준 25억이 되며, 이에 대한 산출세액은 8.4억이 됩니다.

[가정2] 배우자에게 법정 상속 지분대로 상속하는 경우

법정 상속 지분은 배우자가 3/7, 자녀가 각각 2/7씩이므로 배우자가 15억, 자녀가 각각 10억씩 상속받습니다.

상속 재산(35억)-일괄 공제(5억)-배우자 상속 공제(15억) = 상속세 과세표준 15억이 되며, 이에 대한 산출세액은 4.4억이 됩니다.

[가정1]과 [가정2]를 비교하면 배우자에게 법정 상속분만 상속하는데도 불구하고 상속세가 4억이나 차이 납니다. 위의 예시보다 상속 재산이 더 크

고, 배우자에게 더 많은 금액을 상속한다면 상속세를 더욱 절감할 수 있습니다.

⑤ 단, 배우자에게 상속을 많이 하는 경우, 배우자 사망 시 또다시 상속세 문제가 발생할 수 있습니다. 즉, 위의 예시에서 [가정1]의 경우는 추후 배우자가 사망 시 배우자 상속 재산이 '0'(제로)이므로 상속세가 발생하지 않으나, [가정2]의 경우에는 배우자 상속 재산이 15억이 되어 또다시 상속세를 납부하여야 합니다. 거기에 배우자가 다른 재산이 추가로 있는 경우에는 상속세가 더욱 증가하게 됩니다.

즉, 배우자 상속 공제를 최대한 활용하면 당장의 상속세는 절감할 수 있지만, 추후 배우자 사망 시 또 다른 상속세 문제가 발생할 수 있습니다. 일반적으로 피상속인의 배우자도 고령인 경우가 대부분이므로, 배우자의 건강 및 재산 등을 고려하여 배우자와 자녀의 상속 비율 부분은 신중히 결정하여야 합니다.

⑥ 일반적으로 배우자 상속 공제를 많이 받는 것이 절세에 도움이 되지만 예외도 있습니다. 예를 들어 아버님 재산이 10억이고 아버님이 먼저 사망하였습니다.

[가정1] 총재산 10억 중 5억은 자녀에게, 5억은 배우자에게 상속하는 경우
[가정2] 총재산 10억 모두 배우자에게 상속하는 경우(효도)

일단 아버님이 돌아가셨을 때는 상속 재산이 10억 이하이므로 상속세가 없습니다. 나중에 어머님이 돌아가실 경우, [가정1]은 어머님 재산이 5억 이하라 상속세가 없으나, [가정2]는 일괄 공제 5억을 차감하면 과세표준이 5억이 되며 약 9천만원 정도의 상속세를 납부하여야 합니다. [가정2]의 경우,

자녀는 부모님께 효도하는 측면에서 10억 재산 모두를 어머님께 드렸으나, 결국은 상속세를 추가로 부담하는 불이익을 받게 됩니다.

극단적인 예시이긴 하지만, 재산이 10억 ~ 20억이고 부모님 중 한 분이 먼저 돌아가셨을 경우, 재산의 일부를 자녀 명의로 상속받을 필요가 있습니다.

▶▶ 오늘의 세금 상식 ◀◀

1. 일반적으로 부모가 모두 살아 계실 경우에는 10억(일괄 공제 5억 + 배우자 공제 5억), 어느 한 분이 돌아가시고 없는 경우에는 5억(일괄 공제 5억만 적용)까지 상속세가 없습니다. 부모님의 재산이 10억(또는 5억) 이하일 경우에는 상속세를 신고할 필요가 없습니다.

2. 배우자 상속 공제는 배우자가 실제 받은 금액에 따라 5억 ~ 30억까지 상속 재산에서 공제할 수 있습니다.

3. 일반적으로 배우자 상속을 많이 하여 배우자 상속 공제를 많이 받는 것이 절세에 도움이 됩니다.

4. 배우자 상속 공제를 많이 받는 것이 항상 유리한 것은 아니기 때문에, 부모님 두 분 중 한 분이 돌아가실 경우에는 피상속인의 재산을 배우자와 자녀가 어떻게 배분할 것인가를 심도 있게 고민해야 합니다.

15
부모님을 모신다면 받을 수 있습니다
– 동거 주택 상속 공제

1. 가업 상속 공제, 영농 상속 공제

가업 상속 공제나 영농 상속 공제는 가업 등을 상속받는 경우 200억 ~ 500억을 상속세 과세가액에서 제외하는 규정으로 일반 개인이 준비할 사항이 아닙니다.

2. 금융재산상속공제

금융재산상속공제는 순금융자산에 대하여 20%만큼 상속 재산에서 차감해 주는 제도입니다. 상속 재산의 평가는 시가가 원칙이지만, 일반적으로 토지 등의 부동산 평가는 시가를 산정하기 어렵기 때문에 기준시가를 사용합니다.

부동산 평가가 기준시가 적용으로 실제 시가에 미치지 못하는데 반해, 금융자산은 100% 평가되기 때문에 자산 간 평가의 불균형을 해소하기 위해 금융재산상속공제 제도를 도입하였습니다. 금융재산가액에서 금융채무가액을 차감한 순금융재산가액의 20%를 2억 한도로 차감해 줍니다.

순금융재산가액	금융재산상속공제액
2천만원 이하	순금융재산가액 전액
2천만원 초과 1억 이하	2천만원
1억 초과 10억 이하	순금융재산가액 × 20%
10억 초과	한도 2억

3. 동거 주택 상속 공제

① 동거 주택 상속 공제는 피상속인과 장기간 동거하여 부양한 무주택 상속인의 상속세 부담을 경감하기 위해 만든 규정입니다.

② 상속 주택 전액(6억 한도)에 대하여 모두 공제해 줍니다. **굉장한 혜택입니다.**

> ※ 동거주택상속공제액(6억원 한도) = (상속주택가액 -관련 부채) × 100%

③ 동거 주택 상속 공제를 받기 위한 적용 요건은 다음과 같습니다.

㉠ 피상속인과 상속인이 상속 개시일부터 소급하여 10년 이상 계속하여 하나의 주택에서 동거하여야 합니다(직계비속만 가능, 상속인이 미성년자인 기간은 제외). 즉, 10년 이상 부모님을 모시고 살아야 합니다. 첫 번째 요건부터 쉽지 않습니다. 예전에는 배우자가 상속받아도 공제가 되었는데, 현재는 직계비속(자녀)만 공제 가능하도록 변경되었습니다.

㉡ 피상속인과 상속인이 상속 개시일부터 소급하여 10년 이상 계속하여

1세대를 구성하면서 1세대 1주택에 해당하여야 합니다(무주택 기간 포함).

ⓒ 상속일 현재 무주택자이거나 피상속인과 공동으로 1세대 1주택을 보유한 자로서, 피상속인과 동거한 상속인이어야 합니다.

혜택이 큰 만큼 공제 요건이 까다롭습니다. 결국 1주택(또는 무주택)에서 부모님을 10년 이상 모시고 동거한 자녀만 공제받을 수 있는 제도입니다.

▶▶ **오늘의 세금 상식** ◀◀

1. 금융자산의 20%(2억 한도)를 금융자산 상속 공제를 적용합니다. 어차피 매각할 부동산이라면 상속 개시일 전에 매각하여 20%만큼 공제받는 방안도 고려할 사항입니다.

2. 동거주택 상속 공제는 혜택이 크지만 적용받기가 쉽지 않습니다. 부모님을 10년 이상 모신 분이라면 공제 대상 여부를 체크하십시오.

16
상속세, 부자들만 내는 것 아닌가요?

1. 상속세 과세표준

상속 재산에서 채무 등을 차감하고 각종 공제액을 차감한 금액이 상속세 과세표준이 됩니다.

2. 세율

① 상속세율은 원칙적으로 증여세율과 동일합니다.

과세표준	세율	누진공제액
1억원 이하	10%	-
5억원 이하	20%	1천만원
10억원 이하	30%	6천만원
30억원 이하	40%	1억6천만원
30억원 초과	50%	4억6천만원

② 위의 세율표를 보면, 30억 이상이면 50%의 세율로 엄청납니다. 상속 재산이 50억, 상속 공제 10억이라면 상속세 과세표준이 40억이 되며, 상속세는 무려 15억입니다. 상속 재산이 100억이라면 상속세는 40억, 상속 재산이 200억이라면 상속세는 90억입니다. 상속 재산이 100억 이상인 경우에는 거의 50%를 상속세로 납부하여야 합니다.

③ 우리나라의 상속세율은 단연 세계 최고입니다.

증여는 자발적이지만 상속은 비자발적입니다. 부모님이 땀 흘려 이루어 놓은 재산을 자식이 비자발적으로 물려받는데 세금이 과하다는 생각이 들지 않나요? 최근 논란이 되고 있는 삼성 경영권 승계 문제가 약간 이해되기도 합니다. 오뚜기나 엘지처럼 상속세를 성실 납부한 기업인들에게 존경과 박수를 보내고 싶습니다.

예전에는 재산 포착이 쉽지 않아 상속세를 내는 분들이 거의 없었습니다. 그러나 이제는 사회가 투명해지면서 거의 모든 재산이 포착됩니다.

아직도 '상속세'는 재벌이나 부자들만 내는 세금이라고 생각하나요?

앞의 챕터에서 살짝 설명하였지만, 수도권 부동산 폭등으로 부모님이 서울에 아파트 1채 이상 갖고 있는 분들은 이제 모두 상속세 대상입니다. 상속세를 잘 모르는 분들은 상속세를 무조건 더 강화해야 한다고 주장합니다. 부자 증세처럼 명분이 있고 쉬운 증세는 없으니까요. 그런데 이제는 본인이 상속세를 납부해야 할 차례입니다.

1. 상속세를 절감하기 위해서는 사전에 준비해야 합니다. 피상속인이 고인이 된 후에 상속세를 준비하면 절세할 수 있는 것이 별로 없습니다.

   실제로 피상속인이 갑자기 급사(急死)하는 바람에 상속세를 미리 준비하지 못하여 상속세폭탄을 맞는 일이 많습니다. 사전 증여를 하거나 주식 이동 등으로, 살아 있을 때 자녀에게 부의 이전이 어느 정도 진행되어야 나중에 상속세폭탄을 피할 수 있습니다.

□ 참고문헌

기획재정부 재산세제과-35(2021.01.14.)

2020년 세법개정 후속 시행령 개정(기획재정부, 2021. 1. 6.)

기획재정부 재산세제과-1132(2020.12.24.)

2020년 세법개정안 국회 기획재정위원회 의결(기획재정부, 2020.11.30.)

「부동산 공시가격 현실화 계획」 및 「재산세 부담 완화 방안」 발표(국토교통부, 행정안전부, 2020.11.3.)

부동산 3법 등 주요 개정내용과 100問100答으로 풀어보는 주택세금(국세청, 2020. 9)

소득 중심의 건보료 부과체계에 한 발짝 다가서다!(보건복지부 보도자료, 2020. 8.19.)

다주택자·법인 취득세 중과 운영요령(행정안전부 부동산세제과, 2020. 8)

부동산대책 관련 「지방세법 시행령」개정안 입법예고(행정안전부, 2020. 7.31.)

2020년 세법개정안(기획재정부, 2020. 7.22.)

2020년 세법개정안 문답자료(기획재정부, 2020. 7.22.)

주택시장 안정 보완대책(관계부처 합동, 2020. 7.10.)

1세대1주택 비과세 판정시 보유기간 계산방법(기획재정부 재산세제과-194, 2020.02.18)

주택시장 안정화 방안(관계부처 합동, 2019.12.16.)

주택시장 안정 방안 Q & A(관계부처 합동, 2019. 12)

2019년 세법개정안 상세본(기획재정부, 2019. 7.25.)

2019년 세법개정안 문답자료(기획재정부, 2019. 7.25.)

2018년 세법 후속 시행령 개정안 - 문답자료 -(기획재정부, 2019. 1. 8.)

2018년 세법 후속 시행령 개정안 - 상세본 -(기획재정부, 2019. 1. 8.)

주택시장 안정대책(관계부처 합동, 2018. 9.13.)

『핵심실무 양도소득세』(정문현, 송영선, 황동욱, 장산성 저, 영화조세통람, 2020.02.28.)

『양도소득세 실무교안』(이철재, 한국공인회계사회)

『다주택자 양도소득세 및 임대소득 과세실무』(임성종, 한국공인회계사회)

『2020 세법개론』(임상엽, 정정운 저, 상경사, 2020.02.21.)

『상속세 증여세 실무 2020』(박풍우 저, 세연T&A, 2020.03.20.)

세무사가 알려주는
2021 부동산 셀프 절세

초판 1쇄 발행 2020년 12월 17일
초판 2쇄 발행 2021년 1월 15일
초판 3쇄 발행 2021년 4월 15일

지은이│이재헌

펴낸이│김제구
펴낸곳│리즈앤북
인쇄·제본│한영문화사

출판등록 제2002-000447호
주소 121-842 서울시 마포구 잔다리로 77 대창빌딩 402호
전화 02) 332-4037
팩스 02) 332-4031
이메일 ries0730@naver.com

ISBN 979-11-90741-07-1 13320